介護保険の意味論

制度の本質から
介護保険のこれからを考える

堤 修三
Shuzo Tsutsumi

まえがき

　かつて介護保険の創設実施の仕事をしたからか，今でも，一般市民や市町村関係者などに介護保険の話をすることがありますが，そのときよく聞かれることは，介護保険についてわかりやすく解説した本はないかということです。介護保険も創設以来10年を経過しましたので，市町村の担当者も大部分は異動してしまい，制度の意味を正確に理解している方も少なくなりました。介護保険サービスをどう使うかといった本は数多く出ていますが，制度そのものについてわかりやすく解説した本はあまりないようです。また，あったとしても，単に制度のパーツを表面的に説明したものにすぎず，そのような仕組みが採られている意味や理由が書いてあることは少ないように思います。それでは，制度を本当にわかったことにはならないでしょう。

　介護保険に限らず，世の中の仕組みはそれなりの"理由"に基づきつくられています。しかし，いったんできあがってしまうとたいていの場合，そういう"理由"は制度の外装によって見えなくなってしまいます。制度は法令や通知といった形式でつくられますが，そこでは，なぜそういう仕組みを採ったのか，その意味は何なのかといったことが説明されることはほとんどありません。社会にあるさまざまな制度の意味や理由を知るには，どうしたらよいのでしょうか。私は，それには大きく分けて2つのアプローチがあると考えています。

　一つは，もし，その制度がなければ，人々はどう対応するだろうか，どのような制度をつくろうと考えるだろうかと，いわばゼロベースで想像し

てみることです。もう一つは，既存の制度や仕組みと比較したり，置き換えたりして，別の視点から眺めてみることです。ある制度では当然のことでも，別の制度に置き換えてみると不自然で成り立たないことはたくさんあります。例えば，介護保険の仕組みを医療保険に置き換えてみたり，その逆を考えたりしてみると，思わぬ風景が見えてくるといったことです。この本では，できる限り，そのような方法で介護保険の仕組みについて考え，その意味を明らかにしたいと思っています。そのなかにはもちろん，私自身が介護保険の創設実施に携わったことで得られた理解もありますが，それだけではありません。大学という職場に変わって，介護保険を外から客観的に眺めるようになって初めて気がついた理解もたくさんあります。

　もとより，介護保険のさまざまな仕組みの理由や意味に関する私の理解が，絶対に正しいと言うつもりはありません。多くの人がさまざまな実践や考察を通じて，別様の理由や意味を見出すこともあるでしょう。そのときは，どちらの理解がより整合的で説得力があるかが比較評価され，それを通じてより妥当と考えられる理解が拡がっていくことになると思います。

　いずれにしても，これからも介護保険が世の中の変化に合わせて改正されていくとすれば，表面的な説明だけでその進むべき方向の是非を判断することができないことは確かです。制度の仕組みの理由や意味についての正しい理解があって初めて，改革の方向性についてしっかりと評価する座標軸を得ることができるからです。

　この本では，介護保険についてほとんど知らないという人のために，第1部として，制度の概要についての説明を付けました。制度についてはよく知っているという人は，第1部は飛ばしていただいてかまいません。

目　次

まえがき

第1部　介護保険の仕組み ─────── 1

1　保険の仕組みとは何か ……………………… 2
2　介護保険には誰が加入するか ……………… 3
3　介護保険を行うのは誰か …………………… 4
4　介護保険の給付は誰が受けられるのか …… 5
5　介護保険ではどのようなサービスが受けられるのか …… 7
6　介護保険によって利用できるサービスの量はどれだけか …… 11
7　利用者の負担はどれだけか ………………… 13
8　介護保険のサービスは誰が提供するのか … 14
9　介護保険の給付費はどのように賄われるのか …… 15
10　第1号被保険者の保険料はどう集められるのか …… 17
11　第2号被保険者の保険料はどう集められるのか …… 19
12　介護予防と地域支援事業とは何か ………… 20

第2部　介護保険の意味論 ─────── 23

第1章　要介護リスク ……………………… 24

要介護状態になることはリスクか／社会保険として仕組めるか／要介護リスクの拡がりと制度的対応の変化／第1号被保険者と第2号被保険者のリスクの違い／家族としての介護負担リスクではない／家族の存在を理由とした給付の制限や上乗せは是か

コラム 要支援状態と予防給付　25

第2章 要介護状態 ──────── 30

要介護状態のグラデーション／日常生活全般にわたる要介護状態／要介護認定制度の必要性／要介護認定基準／要介護認定の「介護」とは／心身状態の重篤度と要介護度／要介護状態の不可逆性・交替不可能性／要介護状態と保険料の設定／要介護状態と給付の範囲／要介護状態の後行性とその悪用

第3章 給付の方式 ──────── 40

介護給付の諸方式／「介護サービス費の支給」の意味／家族介護給付の位置づけ

> **コラム** 基準該当サービス　44

第4章 介護サービスの特性 ──────── 45

必要にして十分なサービス？／在宅サービスの支給限度額／便利で苦痛もないサービス／介護サービスの量の適切性／介護サービスの質の適切性／介護サービスの複数性／介護サービスの分割可能性

第5章 介護サービスの利用 ──────── 54

ケアマネジメントの意味／ケアマネジメントと給付管理業務／介護サービス利用の地域性・介護保険事業計画

> **コラム** 個別対応と大量処理　55
> 　　　　ケアマネジャーの独立性　58

第6章 介護保険の保険者 ──────── 60

老人福祉の措置制度／医療保険による対応／介護サービスの地域性と保険者／市町村行政と介護保険／市町村保険者の意味

第 7 章　介護サービスの提供 ················ 65

介護保険サービスのメニュー／介護保険サービスの本籍地／サービス事業者の指定

コラム 特別養護老人ホームとは何か　67

第 8 章　介護保険サービスの対価 ················ 71

通常のサービスの対価／介護報酬を決める要素／介護報酬の複雑化と利用者の納得／介護報酬のあるべき構造／上限価格としての介護報酬／介護報酬の地域差／福祉用具レンタルの自由価格制／介護報酬の改定ルール

コラム 単位と点　76

第 9 章　利用者負担 ················ 80

1 割負担の根拠／なぜ定率 1 割なのか／利用者負担の軽減制度／軽度者の利用者負担の引上げ

第 10 章　介護保険の財源構成 ················ 85

公費 1/2・保険料 1/2 ／ 2 号保険料の配分／後期高齢者比率による調整／所得分布状況による調整／市町村国保保険料との違い

コラム 特別調整交付金　89

第 11 章　1 号保険料 ················ 90

1 号保険料を負担する者／ 1 号保険料の設定方法／所得段階保険料の理由／ 1 号保険料の徴収方法／ 1 号保険料引上げの難しさ

コラム 個人単位の適用　91
　　　　基準所得金額　94
　　　　介護保険は熱気球？　98

第 12 章　2 号保険料 ──────────── 100

2 号保険料を負担する者／2 号保険料の設定・徴収方法／2 号保険料の意味

第 13 章　介護保険の財政運営 ──────── 105

3 年間の財政運営期間／見込みどおりとならない場合／財政安定化基金／市町村による保険料の単独減免／保険料で支えられる介護保険

第 14 章　もう一つの介護保険 ──────── 109

独立制度の狙い／一元化された制度／もう一つの介護保険の可能性／前提となる医療保険体系の再編／再び，給付と負担の分離？

コラム 被保険者先行モデルと保険者先行モデル　115

第 3 部　介護保険──これまで／これから，そして今 ─────────────117

第 1 章　これまでの 10 年 ──────────── 119

給付費の 1/4 の国庫負担の増加を抑制するための給付抑制／保険料抑制のための地方における給付抑制・国庫負担増への傾き／政策的装い（介護予防など）による制度の煩雑化／要介護認定制度に関する理解の不徹底／政策・現場双方における長期的経営（人材養成）の視点の欠如／ケアの質向上に向けた歩みの停滞／民間中心⇔市町村関与の路線のふらつき／家族介護の深刻化

コラム 個室ユニットケア　126

第 2 章　これからの 10 年 ……………………………………… 129

給付費国庫負担を確保するための税収の確保／必要な給付のための保険料負担についての納得／それでも保険料を上げにくい制度構造／負担者の裾野を広げることによる保険料負担の抑制／認知症ケアのサービスモデル／施設・施設系サービスのあり方／ケアの質向上に向けた取組み／長期的な事業経営のあり方／民間中心の制度における市町村の役割

コラム 高齢者の介護と障害者の介護　134

第 3 章　当面の問題・最近の議論 ……………………………… 140

介護労働者の賃金引上げ（民主党 2009 マニフェスト）／療養病床削減計画凍結・必要な病床数確保（民主党 2009 マニフェスト）／ 2012 年度の介護報酬・保険料改定／地域包括ケアシステムの確立／公費負担割合引上げ論／要介護認定・支給限度額廃止論／利用者応能負担論／特養ホーム多床室容認論

コラム 介護保険における国と地方　145

あとがき

第1部

介護保険の仕組み

介護保険は，2000年4月，医療（健康）保険・年金保険・労災保険・失業（雇用）保険に次ぐ，わが国で五つ目の社会保険制度としてスタートしました。1990年代頃から高齢者の介護問題が社会的に関心を集め，さらにそれが深刻化して従来の老人福祉の措置や医療保険による対応では限界があるとの認識が高まり，当時の自・社・さ連立政権のもとで1997年12月に法律が成立し，2年余の準備期間を経て実施に移されたわけです。
　その後，2005年の大規模な改正などを経て今日に至っていますが，ここでは制度の仕組みの全体像を理解していただくため，細部には立ち入らず，その骨格について簡単に説明しましょう。

1　保険の仕組みとは何か

　社会保険は，人生で遭遇するさまざまな危険（傷病・労働災害・高齢や失業に伴う所得の喪失〜これを「保険事故」「リスク」といいます。）に備えて，人々があらかじめお金（保険料）を出し合い，それらの保険事故にあった人に必要なお金やサービスを支給（これを「保険給付」といいます。）する，助け合いの仕組みです。どのような保険事故に対し，どのような範囲の人々が助け合うかは，最終的には国民の判断に基づき，法律の形をとって決められます。介護保険は，高齢者の介護問題が深刻化していることを踏まえ，すべての高齢者が自らの要介護状態になるリスク（要介護リスク）を保険事故とし，それを高齢者が皆で助け合う社会保険として制度化されました。ただし，高齢者の要介護状態が高齢者自身の助け合いでカバーされることは，高齢者を介護する家族にとってもメリットがあることですし，また，要介護リスクは高齢者だけに限られるものではありませんので，わが国の

介護保険では，現役世代にも高齢者の助け合いに参加してもらう仕組みを採っています。

　社会保険が民間の保険と最も異なるのは，それが強制加入の仕組みを採っていることです。もし，加入するかどうかが個人の判断に任されているとしたら，自分は要介護状態になるはずはないと過信している人は，加入しようとはしないかもしれません。しかし，誰にも要介護状態になる可能性はあるのですから，もし，そういう人が予想に反して要介護状態になったらどうなるでしょうか。家族に過重な負担がかかるばかりでなく，老人福祉や生活保護など他の公的な制度で対応することになり，税などを負担する他の人々に迷惑をかけることになってしまいます。このようなことを防ぐため，社会保険は強制加入を原則とし，介護保険もそれにならっているのです。加入が強制されることにより，保険料を納付することが義務づけられることも医療保険などと同様です。

2　介護保険には誰が加入するか

　介護保険の助け合いの仕組みの主人公は，要介護リスクが大きい高齢者です。高齢者とは65歳以上の人ですが，その多くは退職していますから，高齢者を被用者（雇用されている者）とか非被用者といった属性で分けるのではなく，一括して地域住民である高齢者としてとらえます。すなわち，介護保険に加入するのは65歳以上の地域住民です。これを第1号被保険者（「被保険者」とは保険に加入する人のことです。）といいます。しかし，前述のとおり，64歳以下の人にも要介護リスクはありますし，高齢者が介護保険の給付を受ければ64歳以下の家族にもメリットがありますから，そ

れらの人も介護保険に加入します。ただし，64歳以下の人といっても，あまりに若い人にまで保険料負担を求めるのは難しかろうという政治的判断から，老化の兆しが見え始める40歳以上の人を被保険者とし，保険給付の対象も老化に伴って発症が増える疾病を原因として要介護状態になった者とされています。また，64歳以下の人の多くは被用者ですから，保険料は医療保険の保険料と一緒に徴収することとされ，それに伴い，被保険者には医療保険に加入しているという条件が付加されました。この介護保険に加入義務がある，40歳以上64歳以下の医療保険加入者を第2号被保険者といいます。

3　介護保険を行うのは誰か

　介護保険を行うとは，保険料を決めて被保険者（加入者）からそれを徴収し，保険給付の対象となる加入者を決めてその人に保険給付をすることです。その際，介護保険を行う主体は，当然，保険料収入と保険給付の支出に関し，安定的に財政を運営する責任を負います。このような介護保険の業務を行い，財政運営に責任を負う主体を「保険者」といいます。民間の保険であれば，保険会社に当たります。介護保険の保険者は，被保険者の中心が65歳以上の地域住民（第1号被保険者）であることを踏まえ，基礎自治体である市町村とされています。東京都23区もそれぞれが保険者となります。市町村のなかには，介護保険の業務を共同で行うために，地方自治法に基づく広域連合をつくっているところがありますが，その場合は，広域連合が介護保険の保険者となります。介護保険は，医療保険のような，被用者を対象とする健康保険と健康保険に入らない人を対象とする国民健

康保険という二元的な制度ではなく，制度としては一つしかない一元的な制度です。一元的な制度の下に，市町村や広域連合の数だけ保険者があるわけです。

　市町村が保険者として行う介護保険の事務は地方自治法にいう「自治事務」とされていますから，例えば保険料率などは市町村の条例をもって定められます。当然，その条例は市区町村議会にかけられることになります。市町村は，保険給付という介護保険本来の業務のほかに，被保険者が要介護状態となるのを予防することなどを目的とする地域支援事業を行うとともに，家族介護者の支援などを行う保健福祉事業を行うこともできます。これらを総称して介護保険事業といいます。介護保険の財政運営は3年サイクルで行われ，それに合わせて市町村は3年ごとに介護保険事業計画を策定します。介護保険事業計画を策定するときは，被保険者の意見を反映させる措置を講じることとされており，多くの市町村では介護保険事業計画策定委員会に被保険者が委員として参加しています。介護保険事業計画では保険給付や地域支援事業の見込みなどを定めますが，その際，それに必要な保険料の水準についても示され，給付に応じた負担のあり方が議論されるようになっています。

4　介護保険の給付は誰が受けられるのか

　介護保険の給付を受けることができるのは，市町村（保険者）に要支援認定または要介護認定（厳密には別ですが，手続きは一緒ですので，以下便宜上，「要介護認定」とします。）を申請し，要支援または要介護と認定された被保険者です。要介護認定の申請は，本人が行いますが，家族などが代わりに

行ってもかまいませんし，介護支援専門員（ケアマネジャー）などに手続きを代行してもらうこともできます。要介護認定は，市町村の職員による訪問調査（心身の状態に関する70数項目をチェックします。）の結果などに基づくコンピュータによる1次判定と，保健医療福祉の専門家からなる介護認定審査会において1次判定の結果と主治医の意見書を踏まえて行われる2次判定の2段階で行われます。市町村は，この介護認定審査会の判定に基づき要介護認定をします。

　要介護認定の結果は，要支援1・2，要介護1～5まで，またはこれらに当てはまらない非該当の区分のいずれかに分けられます。要支援1・2の認定を受けた人は予防給付を，要介護1～5の認定を受けた人は介護給付を受けることができます。なお，第2号被保険者については，老化に伴うものとして掲げられている16の疾病（特定疾病）により要支援または要介護状態になった場合にしか給付を受けることができないのは，前述のとおりです。また，施設サービスは介護給付とされていますので，要支援の認定を受けた人は施設サービスの利用はできません。

　要介護認定は，原則として有効期間が6か月とされていますから，それを過ぎるときは更新認定を受けることになります。また，有効期間内に，要介護状態が進行したと思われるような場合には，要介護認定区分の変更の認定申請を行うこともできます。これらの要介護認定に関する処分に不服があるときは，都道府県の介護保険審査会に審査請求をすることができます。

　要支援および要介護の各区分は，その程度に応じて居宅サービスを利用できる限度額や施設サービスに関して支払われる介護報酬の額が定められる基礎となります。

5 介護保険ではどのようなサービスが受けられるのか

　介護保険による給付は，まず大きく介護給付と予防給付に分けられます。介護給付は，居宅介護サービス費の支給・地域密着型介護サービス費の支給・居宅介護サービス計画費の支給・施設介護サービス費の支給が主なメニューで，これらは現物給付として行われます。このほか，現金給付（償還払い）として行われるものとして，居宅介護福祉用具購入費の支給と居宅介護住宅改修費の支給があります。

　居宅介護サービス費が支給されるサービスの種類は，次のとおりです。

① 訪問介護（ホームヘルプサービス）＊
② 訪問入浴介護＊
③ 訪問看護＊
④ 訪問リハビリテーション＊
⑤ 居宅療養管理指導（医師等が居宅を訪問して行う療養上の管理及び指導）
⑥ 通所介護（デイサービス）＊
⑦ 通所リハビリテーション（デイケア）＊
⑧ 短期入所生活介護（特別養護老人ホームへのショートステイ）＊
⑨ 短期入所療養介護（介護老人保健施設・介護療養病床へのショートステイ）＊
⑩ 特定施設入居者生活介護（有料老人ホーム・ケアハウス等の入居者に対して行われる介護サービス）
⑪ 福祉用具貸与（福祉用具レンタル）＊

これらのうち，各サービスを通じたサービス利用量について要介護の区分に応じた限度額が設けられているのは，訪問介護・訪問入浴介護・訪問看護・訪問リハビリテーション・通所介護・通所リハビリテーション・短期入所生活介護・短期入所療養介護・福祉用具貸与の9種類（前記＊を付したもの）のサービスです。居宅療養管理指導は，これらの居宅サービスと併せ別枠で利用できます。特定施設入居者生活介護は，次に述べる施設サービスと同様，居宅サービスと併用されることはありませんので，施設サービスに準じるものという意味で，施設系サービスと呼ばれることもあります。

　施設介護サービス費が支給されるサービスは次のとおりです。施設介護サービスは，それだけで完結していますから，居宅サービスが併用されることはありません。

① 介護老人福祉施設（特別養護老人ホーム）
② 介護老人保健施設
③ 介護療養型医療施設（介護療養病院）

地域密着型介護サービス費が支給されるサービスの種類は次のとおりです。

① 夜間対応型訪問介護（夜間，定期的な巡回または通報により行われる訪問介護）
② 認知症対応型通所介護＊＊
③ 小規模多機能型居宅介護（居宅訪問または通所による介護と短期間の宿泊を行う。）＊＊
④ 認知症対応型共同生活介護（認知症高齢者グループホーム）＊＊
⑤ 地域密着型特定施設入居者生活介護（小規模介護専用型特定施設）
⑥ 地域密着型介護老人福祉施設入所者生活介護（小規模特別養護老人ホーム）

　これらのうち，夜間対応型訪問介護・認知症対応型通所介護・小規模多

機能型居宅介護は，各サービスを通じたサービス利用量について，要介護の区分に応じた支給限度額が設けられている居宅系のサービスです。これに対し，認知症対応型共同生活介護・地域密着型特定施設入居者生活介護・地域密着型介護老人福祉施設入所者生活介護は，支給限度額の適用のない施設系サービスであり，居宅サービスまたは地域密着型の居宅系のサービスと併用されることはありません。

居宅介護サービス計画費が支給されるサービスとは，ケアマネジャーによるケアプラン作成などのケアマネジメントサービスです。

次に，予防給付費としては，介護予防サービス費の支給・地域密着型介護予防サービス費の支給・介護予防サービス計画費の支給に加え，介護予防福祉用具購入費の支給と介護予防住宅改修費の支給があります。

介護予防サービス費が支給されるサービスとしては，居宅介護サービス費が支給される11種類のサービスのそれぞれに対応する11種類の介護予防サービスがあります。地域密着型介護予防サービス費が支給されるサービスとしては，地域密着型介護サービスのうち，認知症対応型通所介護・小規模多機能型居宅介護・認知症対応型共同生活介護の3種類（前記＊＊を付したもの）のサービスのそれぞれに対応する地域密着型介護予防サービスがあります。

介護予防サービス計画費が支給されるのは，原則として地域包括支援センターの保健師等が行う介護予防プランの作成などのケアマネジメントサービスです。

介護給付・予防給付の一覧は表1-1のとおりです。

表1-1　介護給付・予防給付の一覧

介護給付（要介護者）	予防給付（要支援者）
①居宅介護サービス費 　訪問介護 　訪問入浴介護 　訪問看護 　訪問リハビリテーション 　居宅療養管理指導 　通所介護 　通所リハビリテーション 　短期入所生活介護 　短期入所療養介護 　特定施設入居者生活介護 　福祉用具貸与	①介護予防サービス費 　介護予防訪問介護 　介護予防訪問入浴介護 　介護予防訪問看護 　介護予防訪問リハビリテーション 　介護予防居宅療養管理指導 　介護予防通所介護 　介護予防通所リハビリテーション 　介護予防短期入所生活介護 　介護予防短期入所療養介護 　介護予防特定施設入居者生活介護 　介護予防福祉用具貸与
②地域密着型介護サービス費 　夜間対応型訪問介護 　認知症対応型通所介護 　小規模多機能型居宅介護 　認知症対応型共同生活介護（認知症高齢者グループホーム） 　地域密着型特定施設入居者生活介護（小規模介護専用型特定施設） 　地域密着型介護老人福祉施設入所者生活介護（小規模特養）	②地域密着型介護予防サービス費 　― 　介護予防認知症対応型通所介護 　介護予防小規模多機能型居宅介護 　介護予防認知症対応型共同生活介護（要支援2に限る） 　― 　―
③居宅介護福祉用具購入費 　特定福祉用具販売	③介護予防福祉用具購入費 　特定介護予防福祉用具販売
④居宅介護住宅改修費	④介護予防住宅改修費
⑤居宅介護サービス計画費 　居宅介護支援	⑤介護予防サービス計画費 　介護予防支援
⑥施設介護サービス費 　介護老人福祉施設 　介護老人保健施設 　介護療養型医療施設	―
※高額介護サービス費	※高額介護予防サービス費
※高額医療合算介護サービス費	※高額医療合算介護予防サービス費
※特定入所者介護サービス費	※特定入所者介護予防サービス費

※については，7（P.13）を参照。
出典：『介護保険制度の解説（平成21年5月版）』105頁，社会保険研究所，2009を一部改変.

6 介護保険によって利用できる サービスの量はどれだけか

　施設系サービスにおいては，提供されるサービスの内容や量は入所・入居したそれぞれの施設等において決まっていますから，それらを利用者が決めることはありませんが，5で説明した居宅（系）サービスにおいては，さまざまな種類のサービスがそれぞれの事業者から別々に提供されますから，それらをどのように組み合わせ，どれくらい利用するかは利用者自身が決めることになります。この場合に，介護保険の給付として認められるサービスの限度を決めるのが，要介護区分（要介護度）ごとに決められる支給限度額の制度です。平成22年度現在の支給限度額は，次のとおりです。

　　要支援1：　4,970単位／月
　　要支援2：10,400単位／月
　　要介護1：16,580単位／月
　　要介護2：19,480単位／月
　　要介護3：26,750単位／月
　　要介護4：30,600単位／月
　　要介護5：35,830単位／月

　介護保険の給付費の額は，サービスの種類や方法などに応じて細かく決められています。これを介護報酬といいます。例えば訪問介護では，身体介護の場合は30分未満254単位，30分以上1時間未満402単位，生活援助の場合は30分以上1時間未満229単位とされています。また訪問看護では，訪問看護ステーションの看護師の場合は30分未満425単位，通所介護では，要介護3の者が通常規模型の施設で4時間以上6時間未満利用す

る場合668単位といった具合です。1単位あたりの額は地域やサービスの種類によって異なり、例えば、訪問介護では特別区（東京都23区）の11.05円から、地方都市・郡部の10.00円まで、5段階で設定されています（表1-2参照）。

表1-2　1単位あたりの単価

		特別区	特甲地	甲地	乙地	その他
	施設サービス	10.68円	10.45円	10.27円	10.23円	10.00円
在宅サービス・地域密着型等	訪問介護／訪問入浴介護／夜間対応型訪問介護／居宅介護支援	11.05円	10.70円	10.42円	10.35円	10.00円
	訪問看護／訪問リハビリ／通所リハビリ／認知症対応型通所介護／小規模多機能型居宅介護	10.83円	10.55円	10.33円	10.28円	10.00円
	通所介護／短期入所生活介護／短期入所療養介護／特定施設入居者生活介護／認知症対応型共同生活介護／地域密着型特定施設入居者生活介護／地域密着型介護老人福祉施設入所者生活介護	10.68円	10.45円	10.27円	10.23円	10.00円
	居宅療養管理指導／福祉用具貸与	10.00円	10.00円	10.00円	10.00円	10.00円

※介護予防サービスも同じ。
出典：『介護保険制度の解説（平成21年5月版）』346頁、社会保険研究所、2009.

この支給限度額の範囲で，利用者は自ら必要と考えるサービスを組み合わせて利用することができます。これを超えてサービスを利用することは可能ですが，その場合は，支給限度額を上回る分は全額自己負担になります。このようなサービスの利用計画を，ケアプランといいます。利用者の置かれている状況を評価（アセスメント）したうえで，利用者の意向を踏まえ，必要な調整を行いながら適切なサービスの種類とそれを提供する事業者を決めて，具体的なケアプランを作成するとともに，その利用・提供状況をフォローしてケアプランの変更など必要な対応をすることを，居宅介護支援（ケアマネジメント）といいます。

　このケアマネジメントを担うのが，介護支援専門員（ケアマネジャー）です。ケアマネジャーになるには，保健医療福祉に関する国家資格を有する者または高齢者等に対する相談援助業務の従事者であって，一定期間以上の実務経験がある者が「介護支援専門員実務研修」の課程を受講し，それを修了して都道府県に登録される必要があります。登録された者には「介護支援専門員証」が交付され，ケアマネジャーとなります。介護支援専門員実務研修を受けるには「介護支援専門員実務研修受講試験」に合格することが必要です。

7　利用者の負担はどれだけか

　介護保険の給付は必要な費用の9割とされていますから，残り1割が利用者の自己負担となります。ただし，この1割の負担額が高額になる場合は，一定の頭打ち（限度額）があり，それを超える額について高額介護サービス費が支給されます。この高額介護サービス費は，低所得者については

一般より低い限度額が設定されているほか，医療保険の高額療養費支給後の自己負担金額と合算して高額になる場合は，その合算額に着目した限度額を超える場合にも支給されることになっています。

　介護保険のサービスを利用する場合，自宅での日常生活においても通常必要とされる内容が含まれていることがあります。例えば，通所介護・通所リハビリテーションや施設サービスにおける食費や，施設サービス・施設への短期入所サービスにおける居住費・滞在費などです。これらは，保険給付の対象外とされていますから，原則として利用者負担となります。ただし，施設サービス・施設への短期入所サービスにおける居住費・滞在費と食費については，低所得者に限り負担限度額が設定されており，それを超える部分については保険給付の対象とされています。これを特定入所者介護サービス費（補足給付）といいます。

8　介護保険のサービスは誰が提供するのか

　介護保険のサービスには，5に掲げたとおり，たくさんの種類があります。それらのサービスを提供しようという事業者は，地域密着型サービスの場合は市町村の指定を，それ以外のサービスの場合は都道府県の指定（介護老人保健施設の場合は開設許可）を受けなければなりません。それらの指定（開設許可）を受けた事業者の提供するサービスを利用する場合に限り，介護保険の給付を受けることができるのです。介護老人福祉施設（特別養護老人ホーム）や介護療養型医療施設（療養病床：病院／診療所）などのように他の法律に根拠があるものは，もちろん，それらの法律に基づく開設・設置の許可を得ていることが前提です。

介護保険法による事業者の指定要件は，申請者が，法人であること，従事者の知識・技能・人員と員数が基準を満たしていること，事業所の設備・運営に関する基準に従って運営ができること，犯罪や法令違反などに関する欠格条項に反しないことなどとされており，これらの要件を満たせば誰でも参入できることになっています。老人福祉法や医療法によって社会福祉法人や医療法人でなければならないとされているサービスを除けば，営利企業の参入も認められます。ただし，施設系サービスについては都道府県の介護保険事業支援計画においてベッド数の総量規制が行われている場合，それを超えると指定されないことがあります。

9　介護保険の給付費はどのように賄われるのか

　介護サービスの費用から利用者が負担する分を除いた給付費の財源構成は，1/2が公費で残りの1/2が保険料となっています。公費のうち20％（施設サービス分は15％）は国の負担金，5％は各市町村の後期高齢者の比率や第1号被保険者の所得分布状況に応じて交付される国の調整交付金（5％は全国平均であり，個々の市町村によって交付率は異なります），12.5％（施設サービス分は17.5％）は都道府県の負担金，12.5％は市町村の負担金です。
　保険料のうち，第2号被保険者の保険料（2号保険料）は社会保険診療報酬支払基金において全国分がプールされ，被保険者全体に占める第2号被保険者の割合である30％（平成21〜23年度）が各市町村に一律に交付されますので，第1号被保険者の保険料（1号保険料）は全体から公費と2号保険料分を差し引いた残り分（市町村平均20％）となります（表1-3参照）。

表1-3 被保険者の保険料負担率

計画期間 負担率	第1期 平成12～14年度	第2期 平成15～17年度	第3期 平成18～20年度	第4期 平成21～23年度
第1号被保険者	17%	18%	19%	20%
第2号被保険者	33%	32%	31%	30%

出典：『介護保険制度の解説（平成21年5月版）』371頁，社会保険研究所，2009．

　例えば，後期高齢者の割合や低所得者の分布割合が大きい市町村の場合，調整交付金が5％より多く交付されますから，これら二つの要因による影響が除去されて20％より低く（逆の場合は高く）なることになります。

　これらの財源のうち，公費と2号保険料分は各年度の実績に応じて精算されますが，1号保険料については予想外の給付費の増加や収納率の低下により不足が生じることがあります。その場合，年度途中で1号保険料の引き上げはできませんから，都道府県ごとに設けられている財政安定化基金から不足額について借り入れ，または（収納率低下による不足分の1/2は）

図1-1　介護保険財政の見込みと実績

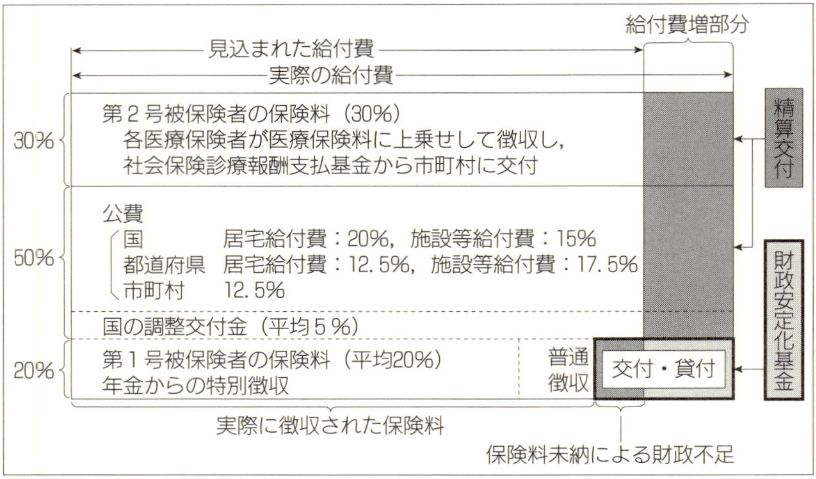

出典：『介護保険制度の解説（平成21年5月版）』398頁，社会保険研究所，2009．

交付を受けることができることになっています（図1-1参照）。借り入れ分については，後に1号保険料によって償還されます。そのため，市町村は次の介護保険事業計画期間における1号保険料を算定する際，この償還分の費用も見込みます。財政安定化基金は，国・都道府県の公費と市町村から拠出される1号保険料により造成されています。

10　第1号被保険者の保険料はどう集められるのか

　1号保険料は，各市町村の第1号被保険者の住民税の課税状況に応じて，原則6段階の定額で設定されます（表1-4参照）。①第1段階は住民税非課税世帯に属する生活保護受給者等，②第2段階は住民税非課税世帯に属する，公的年金等の収入額＋合計所得金額が年間80万円以下の者，③第3段階は住民税非課税世帯に属する，所得が第2段階より多い者，④第4段階は住民税非課税の者（世帯としては住民税課税），⑤第5段階は住民税課税の者で，合計所得金額が基準所得（200万円：平成21～23年度）未満のもの，⑥第6段階は住民税課税の者で，合計所得金額が基準所得以上のものです。各段階の保険料額は，第4段階の保険料を基準額とし，第1・2段階は基準額×0.5，第3段階は基準額×0.75，第5段階は基準額×1.25，第6段階は基準額×1.5という算式によって設定されます。なお，市町村はこの基準額に掛ける倍率を動かしたり，段階を7段階以上にしたりすることもできます。

　各市町村の第1号被保険者ごとの1号保険料の額は，老齢年金などの支払いを行っている年金支払機関（日本年金機構・共済組合の連合会）に通知され，月額1.5万円以上の年金がある者の場合は，その年金（通常は老齢基礎

年金)から天引き(これを「特別徴収」といいます。)されて,年金支払機関から各市町村に送付されます。年金から天引きされない第1号被保険者の1号保険料については,市町村から本人に納入通知がなされ,それにより窓口納付や口座振替などにより納付する普通徴収の方法が採られます。

表1-4　1号保険料の設定

段階	対象者	保険料率	平均割合			
			第4期	第3期	第2期	第1期
第1段階	市町村民税世帯非課税の老齢福祉年金受給者,生活保護被保護者等	基準額×0.5	2.4%	2.6%	2.2%	2.2%
第2段階	市町村民税世帯非課税で,公的年金等収入金額＋合計所得金額≦80万円／年	基準額×0.5	16.8%	18.0%	33.2%	29.0%
第3段階	市町村民税世帯非課税で,第2段階対象者以外の者	基準額×0.75	11.5%	9.0%		
第4段階	市町村民税本人非課税者等	基準額×1.0	32.3%	30.5%	39.3%	42.8%
第5段階	市町村民税本人課税者(合計所得金額が基準所得金額未満)等	基準額×1.25	22.2%	28.6%	16.4%	16.0%
第6段階	市町村民税本人課税者(合計所得金額が基準所得金額以上)	基準額×1.5	14.8%	11.3%	8.9%	10.0%

出典:『介護保険制度の解説(平成21年5月版)』380頁,社会保険研究所,2009.

11 第2号被保険者の保険料はどう集められるのか

　2号保険料は，1号保険料のように市町村ごとに設定されるのではありません。まず，各医療保険者に対し，全市町村の介護保険給付費総額中の2号保険料で賄われるべき額（給付費の30％：平成21～23年度）を全国の第2号被保険者数で割った額（すなわち2号保険料算定のもととなる1人当たり単価）に基づき，各医療保険者が徴収すべき2号保険料の総額が割り当てられます。次に，各医療保険者は，割り当てられた額を，医療保険の被保険者ごとに医療保険料と同じ方式で2号保険料として設定し，医療保険料と一体的に徴収します。各医療保険者は徴収した2号保険料を社会保険診療報酬支払基金に納付し，同基金は納付された2号保険料を財源として各市町村にその給付費の30％を一律に交付します。

　なお，市町村の介護保険の給付費総額が予想以上に増加した場合，各医療保険者から納付された2号保険料の総額では不足することになりますが，その場合は，社会保険診療報酬支払基金は金融機関から借り入れをして，市町村に必要額を交付することになっています。借り入れ分は利息も含めて，翌々年度の2号保険料に上乗せされて徴収されます。

12 介護予防と地域支援事業とは何か

　介護予防と地域支援事業は，2005年の介護保険法改正における最大の項目でした。それまであった予防給付が一新され，サービスのメニューもそれを提供する事業者も，介護予防に特化したものが設けられたのです。特に介護給付におけるケアマネジメント（居宅介護支援）に相当する予防給付のケアマネジメント（介護予防支援）は，ケアマネジャーではなく，市町村が設置する地域包括支援センターの保健師が原則として担当することになりました。また，要支援に至らないが介護予防に努めることが望ましい者に対しても，「介護予防事業」として，介護予防に資するサービスを提供することとされ，これに関するケアマネジメントも，予防給付のケアマネジメント（介護予防支援）と一体的に地域包括支援センターで行われることになっています。

　地域包括支援センターは，この「介護予防事業」のケアマネジメントに，総合相談・支援，権利擁護，包括的・継続的ケアマネジメント支援を加えた四つの事業を「包括的支援事業」として行います。この「包括的支援事業」と「介護予防事業」の二つは，「地域支援事業」として，全市町村が行うべき必須事業とされており，その事業規模は給付費の一定割合以内（「地域支援事業」全体で平成20年度以降3.0％以内，介護予防事業は2.0％以内。いずれも小規模市町村は除く。）と定められています。また，財源については，「介護予防事業」は2号保険料を含む給付費と同じ財源構成，「包括的支援事業」は国が40％，都道府県・市町村・1号保険料がそれぞれ20％ずつとされています。

「地域支援事業」には，前記の必須事業のほかに，市町村が任意で実施できる事業もあります。任意事業の例としては，介護給付費等費用適正化事業・家族介護支援事業などがあげられています。この任意事業の事業規模は「包括的支援事業」と合わせて2.0％以内，財源構成は「包括的支援事業」と同じです。

　なお，市町村は，「地域支援事業」に加えて，1号保険料を財源としてさまざまな「保健福祉事業」も行うことができるようになっています。

第2部

介護保険の意味論

第1部では介護保険の概要について説明しましたが，第1部を読まれて介護保険が本当に理解できたと得心された方はどれだけおられるでしょうか。制度の仕組みは何となくわかったような気がするが，もう一つ"なるほど，そういうことだったのか！"という感じがしないという方が多いのではないでしょうか。制度について本当に理解するには，なぜ，そのような仕組みが採られているのかという理由を知ること，その仕組みは制度においてどのような意味をもっているのかを知ることが必要です。それらを知り，介護保険の仕組みの意味を本当に理解してはじめて，制度の進むべき方向をしっかり考えることができるのではないかと思います。第2部ではそのような観点から，介護保険の柱をなす仕組みの意味について考えてみましょう。

第1章 要介護リスク

　介護保険における保険事故・リスクは，要介護状態になることですから，第2部ではまず，要介護状態となることは本当に社会保険でカバーすべきリスクと言えるかどうかという問題を取り上げましょう。これが，介護保険が社会保険として設計できるかどうかの最も重要なポイントだからです。

要介護状態になることはリスクか

　要介護状態になるということは，要医療状態，すなわち病気にかかったりケガをしたりするというのと同じような意味で，リスクと言えるでしょ

うか。リスクと言うことができれば、それに対応するために介護保険を制度化することに向けての第一関門が突破できますので、この問いは極めて重要です。

　要介護状態になるということは、本人にとって重大な日常生活上の困難です。しかし、老化に伴う疾病に起因して要介護状態になる場合が多いとはいえ、誰もが必ず要介護状態になるとは限らないし、また、なるとしても何歳でなるとは決まっているわけではありません。この意味で、要介護リスクは、本人にとって要医療状態と同じようなリスクと考えることができるでしょう。

> **コラム**
>
> **要支援状態と予防給付**
>
> 　介護保険では要支援1・2の者は予防給付の対象となりますが、要支援状態になることはリスクと言えるでしょうか。医療保険では"予防"が必要な状態であることはリスクではないとされ、予防給付は認められていませんが、介護保険ではなぜ予防給付が認められたのでしょうか。結論から言えば、要支援状態も法律上「身体上若しくは精神上の障害があるために…日常生活における基本的な動作の全部若しくは一部について…継続して常時介護を要する状態…又は（そのために）日常生活を営むのに支障がある状態」が前提とされているとおり、要介護状態以前とはいえ、少なくとも日常生活への支障がある状態ですから、その限りでリスクと言うことができます。医療保険における予防のための健診が健常者を想定しているのに対し、介護保険の予防給付は、何らかの障害があり日常生活に支障がある者を対象としているところが違います。"予防給付"といっても、要介護状態の軽減や悪化の防止という意味での"予防"なのです。

社会保険として仕組めるか

　要介護状態となるのがリスクであるということは，それに対する備えを保険の仕組みを用いて（例えば，民間保険により）行うことができることを意味しますが，だからといって，ただちに介護保険を社会保険として制度化するということにはなりません。例えば，落雷に遭って死傷するというのはリスクであることに違いはありませんが，"落雷保険"を社会保険として制度化することに国民の賛同は得られるでしょうか。普通の国民は，そのための保険料をわざわざ取られることにピンと来ないでしょう。あるいは，障害年金は障害リスクに対応する所得保障として重要な役割を果たしていますが，障害年金だけで単独の年金保険を仕組むことはできるでしょうか。障害に伴う所得喪失の可能性は，老齢に伴う所得喪失の場合と比べて低いという通常の国民の感覚を前提とすると，障害年金だけを制度化するより，障害年金と老齢年金をセットにする方が現実的だと思われます。

　このようにリスクとはわかっても，自分もそのリスクに遭遇する可能性が相当程度あると思われない場合には，任意加入の民間保険ではあり得ても，強制加入の社会保険は成り立ちにくいのです。すなわち，法律上加入を強制するとはいえ，多くの人がそれに納得して保険料の支払いに応じるには，自分たちも保険給付を受けることができる，それゆえ保険料負担も仕方がないと思うような"受給の蓋然性"についての共通認識が必要なのです。

要介護リスクの拡がりと制度的対応の変化

　昔から要介護状態になる高齢者は現実に存在したわけですが，70歳になるのも古来まれという時代，また，家族による世話を期待することができた時代には，生活に困窮して支える家族もいないといった一部の要介護高

齢者だけを特別に"福祉"の対象とすることにより十分対応できるので，わざわざ保険をつくるまでもないと考えられていました。

　しかし，長命化が進み，多くの高齢者が要介護状態になる可能性が拡がってくるとともに，家族規模が縮小し，扶養意識も変化してきますと，要介護状態となるリスク（要介護リスク）は，多くの高齢者にとって切実なリスクとなってきました。そのような要介護リスクの拡がりが福祉の措置で対応できる臨界点を超えたとき，それに対する社会的な備えとして，介護保険を制度化する条件が整ったと考えられます。いわば，要介護リスクが要医療リスクと同様の社会的拡がりをもったリスクになったわけです。これを個人の主観レベルで言えば，前述の"受給の蓋然性"についての認識が多くの人々に拡がり，一般的なものになったと言うことができるでしょう。

第1号被保険者と第2号被保険者のリスクの違い

　介護保険は基本的に高齢者本人の要介護リスクに対応するため，高齢者本人を被保険者とする保険として制度化されたわけですが，要介護リスクは高齢者ほどではなくとも，現役世代にもあり得ます。また，現役世代は高齢者の家族として，高齢者が要介護状態となったときには介護負担を背負うという間接的なリスク（介護負担リスク）があり，それゆえに，高齢の要介護者が介護サービスを受けることにより介護負担が軽減されるというメリットがあります。

　そこで介護保険では，加齢に伴う心身状況の変化が現れはじめ，それに伴い要介護リスクが出てくる（その意味でプレ高齢者世代である）とともに，自分や配偶者の両親が要介護状態となる可能性が高まって家族としての介護負担リスクが現実化する，40歳以上の者も被保険者とすることとされました。したがって，40〜64歳の被保険者にとっての介護保険は，自らの要介護リスクに備えるということに加え，結果的に家族としての介護負担も

軽減する，つまり介護に関する社会的扶養という意味も併せもつことになりました。第1号被保険者と第2号被保険者の保険料負担の仕組みの違いは，このような両者の要介護リスクや介護保険サービスによる受益の違いに起因するのです。

家族としての介護負担リスクではない

　要介護リスクを対象に介護保険を仕組むということは，逆に言えば，家族が負う介護負担リスクを対象に介護保険を仕組むのではないということです。つまり，そのことは保険料を負担する被保険者の要介護状態だけに着目して，保険給付（介護サービスの提供）を行うことを意味します。同じ保険料を負担しているのに，介護をしてくれる家族がちゃんといるからという理由で，保険給付を受けられないというのは不合理ですから，これは当然のことでしょう。

　もし，家族としての介護負担リスクを対象に介護保険を仕組んだとすれば，被保険者は家族としての介護負担を負う可能性のある壮年期・初老期の者に限定されたり，家族による介護の状況によって保険給付の条件が異なることになったりしたかもしれません。また，両親を早くに失った人は被保険者となる必要はないとか，子のいない単身者は保険給付を受けられないなどといったおかしなことも起こったでしょう。したがって，介護保険の主役は被保険者本人であって，介護する家族ではないということを忘れてはいけません。要介護者本人の都合ではなく，家族の事情で介護保険サービスの利用が左右されることは，介護保険の趣旨に悖（もと）ることなのです。

家族の存在を理由とした給付の制限や上乗せは是か

　これと関連して最近，同居家族がいることを理由に介護サービスの利用

を制限する一部の地方自治体の動きや，逆に，同居家族がいないことを理由に利用できる在宅サービスの限度を引き上げるべきだという意見があるようですが，これらを見ると，介護保険が被保険者本人の要介護リスクを対象に制度化されていることがよく理解されていないように思われます。要介護者の家族や家屋などの個別事情によって，介護保険サービスを受けられる範囲や程度に差がつけられるとしたら，誰もが同じ基準で保険料を払うという保険制度の大原則が崩れてしまうことを忘れてはなりません。

第2章 要介護状態

　第1章では，要介護状態になることがリスクとしてとらえられることについて考えましたが，そもそも要介護状態とは何を意味するのでしょうか。要介護状態であると認定するということには，どういう意味があるのでしょうか。また，要介護状態にはどのような特性があり，それは制度設計にどのような影響を及ぼしているのでしょうか。

要介護状態のグラデーション

　要介護状態とは，「老化や障害などに伴う心身状態の変化により，日常生活に支障をきたして介護が必要となっている状態」であると言えますが，その状態は連続的で，要介護状態か否かがオール・オア・ナッシングで決まるわけではありません。

　比較のために"要医療状態"ということを考えてみますと，病気か否か，治療が必要か否かは，原則としてどちらかです。医師の診察によって，それは一義的に決まります。しかし，要介護状態については，要否を区分する明確な一線はありません。ですから，病気かもしれないと思って病院に行き，医師から"病気ではない，治療の要なし"と診察されると，普通はほっと安心してそれで終わりですが，要介護状態に関しては，要介護認定を申請して非該当（＝介護サービス不要）とされても，それで良かったということにはなりません。少なくとも申請した本人は，自分は要介護状態であるという自覚があり，何らかのサービスが必要だと思っているわけです

から，そういう判定が出たからといって容易には納得しないでしょう。要介護状態は連続的だからそうなるのです。しかし，十二分の財源があるとは言えない以上，介護保険においては，すべての申請者に介護サービスを与えることはできません。そのため，要介護認定によりどこかで線を引くことが必要ですが，そのことの難しさはこのような要介護状態の性格に由来するのです。

日常生活全般にわたる要介護状態

　要医療状態が傷病の治療に必要な範囲に限定された状態であるのに対し，要介護状態の範囲は食事・排泄・入浴・整容・移動など日常生活全般にわたります。ここから，要介護状態であることを，誰がどのように判断するかという難問が出てきます。

　要医療状態については，医学という総合的かつ客観的な学術の体系があり，国家資格により大きな権限を与えられた医師という専門家が存在しますので，その判断によって認定することができますが，要介護状態の場合，同様のことを考えることはできません。要介護状態を全体として理解・把握する学問体系はいまだ確立されていませんし，当然，その専門家も存在しないからです。医師といえども，要介護状態をすべて把握し，判断できるものではありません。そもそも要介護状態は，要医療状態の後，いわば医師の手を離れた後の問題だからです。看護師の場合は，医師よりは要介護状態の者に近い存在かもしれませんが，それでも要介護状態のすべてを視野に収めてはいないでしょう。逆に，介護職の場合，医療や看護に近い領域は不案内です。

要介護認定制度の必要性

　以上のことからすると，要介護状態の者に介護サービスを提供する制度を設けようとする場合，要医療状態のように，その必要性の判断を特定の専門家に一任することができないことは明らかです。当然，要介護状態のレベルを測定する尺度を設け，それに基づいて，どのレベルを超えれば介護サービス提供の対象とするか，どれくらいのレベルであればどれだけの介護サービスを提供するか——といったことを判断する客観的な基準と手続きが必要になってきます。それが，要介護認定基準とそれに基づく要介護認定の手続き，すなわち要介護認定制度です。医療保険では"要医療認定"は医療を担当する医師に委ねられており，保険者において要医療認定をすることはありませんが，判断を委ねられる特定の専門家がいない介護保険では，保険者において要介護認定をする制度が不可欠なのです。

　医療保険の給付についての判断を，医療サービスを担当し，それにより診療報酬を受け取る医療機関の医師に委ねることは，保険者から見れば，財政的な歯止めという意味で懸念が無くはありませんし，この点に医療保険特有の困難があるのですが，現実にはやむを得ないと言うほかないでしょう。仮に，保険者が医師を雇用して，保険者として要医療状態の判定をさせる場合，実際に被保険者の治療に当たる主治医と見解が異なる可能性は大いにありますし，あくまで保険者の医師による判定に従わせた場合に生じるさまざまな問題（患者の容態を継続的に把握しえない保険者の医師がどこまで治療方針に責任を負えるか，保険者の医師の間違った判断により疾病が悪化したり，患者が死亡したりした場合の責任を保険者はすべて負えるかなど）を考えると，保険者が自ら要医療認定を行うことの困難は極めて大きいと言わざるを得ないからです。

　これに対し，要介護認定の場合，医師のような特定の専門家がいませんから，保険者が，介護に関わる幅広い職種の専門家の合議による判定を基

に決めることになります。このような方法によって保険者が要介護認定をしても，実際にサービスを提供するのはそれぞれの事業者ですから，要医療認定を医療保険者が行う場合のような問題は起こりません。こうして，保険者の機関として介護認定審査会が設けられました。そして審査会が拠るべき基準として定められたのが，介護の現場における介護の時間のかけ方のデータを基に開発された要介護認定基準なのです。

要介護認定基準

　要介護認定は要介護認定基準に従って行われますが，その要介護認定基準とはどのようなものでしょうか。心身の状況が重い・軽いといった項目によってできていると思われるかもしれませんが，そうではなく，"時間"による基準なのです。

　心身状況についての判断は判定者による差が大きく，そこから直ちに要介護度を導き出すことは困難です。そこで，発想を逆転させて，実際にケアの現場でどれくらいの量の介護サービスが行われているかを測定し，その量の違いによって要介護度を決めることが適当ではないかと考えられました。介護サービスの量を何によって測るかといえば，それにかけられた"時間"を計るのが最も客観的でわかりやすいでしょう。そこで，全国の特養ホームや老人保健施設などで数千人の入所者に対し，介護サービスがどれくらいの時間をかけて行われているかを調べるタイムスタディが行われ，同時に，それらの入所者の心身状況に関するデータも集められました。

　このデータが要介護認定のコンピュータによる1次判定で用いられます。すなわち，訪問調査によりチェックされた要介護認定申請者の心身状況に最も近い心身状況の人をコンピュータによってこの数千人のなかから探し出し，その人にかけられた介護サービスの時間データを申請者の要介護認定の際に用いる時間（これを「要介護認定等基準時間」といいます。）とす

るわけです。これを，タイムスタディによる数千人分の介護サービス時間データの分布状況により要支援１から要介護５までに分けられた時間区分に当てはめれば，申請者の要介護度が導き出されます。２次判定の介護認定審査会では，主治医意見書や訪問調査の特記事項などから，１次判定で示された要介護認定等基準時間では実際の介護サービスの時間としては足りない（または多すぎる）であろうと判断される場合に，１次判定の結果が修正されます。したがって，２次判定も含めて，要介護認定は要介護認定等基準時間に基づいて行われているのです。

要介護認定の「介護」とは

　ここで要介護認定における「介護」とは何かについて，もう少し厳密に考えてみましょう。広くとれば，①家族の無定量と言ってもよい"世話"も含む介護の手間のかかり具合と考えることができますし，介護サービスを提供するための制度という意味では，②社会的に提供される介護サービスの必要度，さらに介護保険制度を前提とすれば，③介護保険サービスの必要度と位置づけることができるでしょう。

　この①～③のなかで現実の要介護認定制度はどれを採っているかといえば，言うまでもなく③です。介護保険制度は提供するサービスとしていくつかのサービスをメニュー化していますが，それらのサービスがどういう者にどれだけ提供されるべきかを判断する仕組みとして，客観的な基準と手続きが必要になるわけです。介護保険サービスは保険料を納めた対価として提供される給付なのですから，それらの仕組みがなければ，被保険者に認定が不公平だとか，恣意的だと思われてしまうことになり，制度は成り立ちません。

　しかし，多くの人びと，とりわけ自宅で介護をしている家族の方から見れば，要介護状態を①のイメージで理解するため，③に基づく要介護認定

基準で認定された要介護度は自分たちの介護の実感とは合わないと思いがちです。「介護保険サービスは家族の行っている世話や介護をすべて肩代わりするものではない」という介護保険の意味が国民に十分理解されるまで，この齟齬・ズレの感覚は続くのかもしれません。

心身状態の重篤度と要介護度

　介護をしている家族に限らず，要介護認定基準で認定された要介護度が実感に合わないと受け止められるもう一つの原因に，心身状態の重篤度と要介護度という二つの概念の混同があります。この二つは似ていますが，厳密には同じではありません。例えば，寝たきりで胃瘻（いろう）を造設している者と，わずかに動く自らの手で食事を摂ることができる者を比べると，前者の方が心身状態は重篤かもしれませんが，食事介助の行為そのものに着目すると手間はかえってかかりません。これに対し後者は，心身状態は前者ほど重篤ではありませんが，残存機能をできるだけ活用しながら行う食事介助には，より多くの時間を要するのではないでしょうか。子育て経験のある方には，生まれた直後の乳児は，首も据わらず，とても頑丈とは言えませんが，母乳を与えていればそれほど手間はかからないのに対し，よちよち歩きのできるまでに育った子どもは，骨格はしっかりしてきているものの，食事などの世話はかえって大変になることを思い出していただいたらよいでしょう。

　このように心身の重篤度と要介護度は必ずしも重ならないのですが，医療の専門家も含めて，この違いは理解しにくいようです。要介護度について「重い・軽い」と，心身状態の重篤度と同じ形容詞が使われるのは，この混同の現れでしょう。本当は，要介護度は「高い・低い」と表現する方が誤解を招かないのではないかと思います。

要介護状態の不可逆性・交替不可能性

　要介護状態は，老化に伴う疾病やそれが原因のケガなどの結果，日常生活に支障のある状態が長期にわたって継続する事態であり，それが治癒あるいは寛解（緩和）して，要介護ではない状態に戻ったりすることは通常は考えられません。アルツハイマー病の特効薬が出現でもしない限り，通常，要介護状態は加齢に伴って進行し最期まで続きます。要介護状態は不可逆的なのです。これに対し要医療状態は，不治の病もありますが，一般的には適切な医療によって治癒・寛解するものと言ってよいでしょう。このように要医療状態は，可逆的であり，その意味で要医療状態とそうでない状態には交替可能性があると考えられます。翻って考えれば，要介護状態になった者とそうでない者との間には交替可能性はありません。

　このような要介護状態の不可逆性・交替不可能性は，介護保険の給付や保険料の制度設計にも影響を与えています。

要介護状態と保険料の設定

　要介護状態が不可逆的であり，その状態にある者とない者との間で交替可能性がないということは，要介護状態でない者にとって，少なくともその間は介護保険料が掛け捨て的であるということを意味しています。いずれは自分も要介護状態になるかもしれないから，お互い様ということは感覚的には言えなくもありませんが，保険の仕組みとして，年金保険のような一定期間の拠出が受給資格となるような長期保険の仕組みをとっていませんから，制度のうえでは医療保険と同様，掛け捨て的であることは間違いありません。

　要介護状態に交替可能性がないにもかかわらず，保険料が掛け捨て的であることに着目すれば，保険料水準を高くし過ぎることは難しいと考えら

れます。自分に戻ってくる可能性が低いとなれば，誰でも高い保険料を払う気にはなれないからです。介護保険制度の費用負担が公費で5割を負担し，残りの保険料のうち1号保険料の負担分は65歳以上人口比率に応じて，その一部（現在20％）とされているのは，それまでの制度の費用負担を受け継いでいる面はありますが，一つには，掛け捨て的な保険料の水準を高くしないということに配慮したものと考えられます。

　また，1号保険料が所得段階に応じた段階制（当初は原則として5段階，その後，段階数が増やされている）とされているのには，完全な所得比例にして高所得者の保険料水準が高くなりすぎるのを回避するねらいもありました。高所得で負担能力があるからといって，掛け捨て的な保険料が高くなり過ぎると，負担に対する抵抗感が強くなるのは避けられないからです。

　これに対し，交替可能性が前提となる医療保険の場合は，保険料の掛け捨て感はそれほど強くありません。"ある年は病気にならずに保険料は掛け捨てになってしまったが，次の年には大病になって保険料分以上の給付を受けるかもしれない"と思えば，一時の掛け捨て感はそれほど後を引かないからです。一応の上限は設定されているものの，健康保険では標準報酬比例の保険料制が，国民健康保険や後期高齢者医療制度でも応能分の保険料については所得比例制が採られており，それらの最高負担額はかなりの金額となっていますが，それはこのような要医療状態の特性があるから許容されていると言えるのではないでしょうか。

　1号保険料のあり方については，保険料水準の上昇などに伴い，完全な所得比例制に改めようという動きもあるようですが，介護保険料の性格を考えると，それには自ずと限界があると言うべきだと思います。

要介護状態と給付の範囲

　要介護状態が不可逆的で，交替可能性がないことは，介護保険の給付設

計にも影響を与えています。

　本来，保険は真に必要のある者に絞ってしっかり給付をすることが望ましいとされますが，介護保険では単純にそうとも言えない側面があります。要介護状態となった者とそうはなっていない者が截然と分かれ，両者の間での交替可能性がないとなれば，給付対象が狭くなりすぎると，全員が保険料を払っているにもかかわらず，給付を受けられる者はそのうちのごく一部ということになって，保険料の拠出意欲を阻害することになるからです。介護保険には予防給付の制度がありますが，その対象である要支援者と介護給付の対象である要介護者とは，要介護認定基準上は連続的であり，前述のコラム（P.25）のとおり，広い意味で支援が必要な状態にあることに違いはありません。要支援状態まで広く保険給付の対象とする予防給付は，「予防」という謳い文句はさておき，給付対象を広げることによって保険料の拠出意欲を失わせない働きもしているのです。もちろん，前章でも述べたとおり，要介護状態は，要医療状態と異なり連続的であることから，要介護認定基準に該当しないからといって単純に切って捨てられないという側面も，給付対象をできる限り広くするという判断につながっています。

　また，この意味では，給付の対象や種類を絞ることが得策でないことも容易に想像できます。要介護認定基準を厳しくすることはもちろん，さまざまな条件を付けて実質的に給付対象を限定したり，サービスメニューを安易に減らしたりすることも，このような観点からは好ましいものとは言えません。仮に，保険料や公費負担の財政制約から給付費を抑制せざるを得ないとしたら，給付対象を絞るのではなく，要介護状態の不可逆性・長期固定性に照らせば自ずと限度はありますが，9割の給付率を引き下げる方がまだましかもしれないのです。

要介護状態の後行性とその悪用

　要介護状態には不可逆性・交替不可能性のほかに，もう一つの特性があります。それは，誰であれ，いきなり要介護状態になることはなく，傷病などの要医療状態を経た後，すなわち医療保険による給付を受けた後に，はじめて要介護状態になるということです。

　このような要介護状態の特性を悪用して，1号保険料の支払いを要介護状態の原因となる傷病に罹（かか）るまで意識的に怠るというケースが出てくることも予想されます。実際には，大部分の被保険者の保険料は老齢基礎年金などから天引きされますので，それほど頻発するとは考えられませんが，後期高齢者医療制度の保険料のように年金天引きが選択制になれば，その危惧は現実のものとなるかもしれません。

　このため，介護保険では，1号保険料を滞納した者に対して，保険料徴収権の時効期間が経過した後にまで及ぶペナルティが用意されています。すなわち，保険料滞納がある者には，現物給付を償還払いに切り替え，その償還金から滞納分の保険料を控除するほか，保険料徴収権が時効により消滅した後は，その期間に応じて給付率を7割に引き下げるというものです。確かに強力な措置ですが，これも要介護状態の後行性が悪用されて保険料の意識的滞納が行われないようにするには，やむを得ないものと考えられます。

第3章 給付の方式

　要介護状態にあると認定された者には介護保険の給付が行われますが、給付の方式にはどのようなものがあるのでしょうか。現在の介護保険ではメニューとしてリストアップされた介護サービスの費用が支給されますが、現在の方式でなければならないという必然性はありません。

介護給付の諸方式

　何らかのサービスによって満たされるニーズに対する給付の方式には、一般的に言って三つの方式が考えられます。一つは、介護サービスそのものを保険者が直接、あるいは事業者に委託して給付する、現物給付の方式です。医療保険における療養の給付や従来の福祉制度における福祉の措置がそれにあたります。もう一つは、対象となるサービスやその価格を決めておき、要介護者がそのサービスを利用したときには、その決められた価格に相当する金銭を支給する方式です。現在の介護保険法で採られている「介護サービス費の支給」はそれにあたりますが、実際には、保険者から被保険者に介護サービス費が支給されることはなく、事業者が被保険者に代わって保険者から直接、介護サービス費の支給を受ける代理受領方式により実質的に現物給付化されています。最後の一つは、対象となるサービスやその価格を決めないで、(例えば要介護度ごとの) 定額の金銭を支給する方式です。支給された金銭は、バウチャーという方法などにより介護のために使うことが求められますが、市場で販売されている介護サービスを

購入するだけでなく，家族による介護に必要な費用に使うことも認められる可能性もあります。ドイツの介護保険における家族介護給付がその例です。

「介護サービス費の支給」の意味

　介護保険法の最大の立法目的は，過重化し長期化する介護負担から家族を解放するため，「介護の社会化」を図るということでした。そうしないと，要介護者の長命化と家族規模の縮小などによって，社会の基礎をなす家族が介護負担に耐えられなくなり，崩壊してしまうおそれがあると考えられたからです。

　この目的は，第1の「介護サービス給付」方式や第2の「介護サービス費の支給」方式では達成可能ですが，第3の具体的なサービスにリンクしない金銭支給方式では実現できない可能性が大きいと考えられます。すなわち，金額にもよりますが，現金を支給するだけでは市場で適切な介護サービスが購入されるという保証はなく，また，実際に提供されるサービスに着目しない以上，制度上介護の質を確保することも容易ではありません。そう考えると選択肢は，「介護サービス給付」方式か，「介護サービス費の支給」方式しかなかったのです。

　それでは，二つの方式のうち，「介護サービス費の支給」方式が選択された理由は何だったのでしょうか。実際にはほとんど変わらないように見える二つの方式の違いはどこにあるのでしょうか。「介護サービス費の支給」方式は，市場において介護サービスが取引されている実態があるという論理的前提に立っています。介護保険は，市場で取引される介護サービスのうち条件に合う取引を掬い上げて対象にするのです。これに対し「介護サービス給付」方式は，市場における介護サービスの取引を前提としません。もし，あるサービスがその地域の市場に存在しない場合には，保険者

が自らその介護サービスを提供することを想定しているからです。国民健康保険の全国展開の際,「保険あって医療なし」との批判を避けるため,多くの市町村で直営診療所が設置されたことは,現物サービス給付方式のそうした性格を踏まえたものでした。もちろん,「介護サービス費の支給」方式でも,「保険あって介護なし」では被保険者の批判を浴びますから,その地域では十分なサービス供給がないような場合,保険者が自ら事業者となるか,事業者を誘致することが求められるでしょうから,実際問題としては程度の違いではあります。

にもかかわらず「介護サービス費の支給」方式が選択されたのは,医療サービスの事業主体が公的団体や医師・医療法人に限定されるのに対し,介護サービスの事業主体は営利企業も含む多様な主体に開かれているという事情の違いがありました。増大し続ける介護ニーズに対応するには,多様な主体の参入によってサービス量を増やすことが効果的ですから,それに最も適合的なのは市場における取引を前提とする「介護サービス費の支給」方式だというわけです。

「介護サービス費の支給」方式が市場での取引を前提としていることから,制度上決められる介護サービスの類型・要件・対価などは,市場取引という観点から見て不自然でないことが求められるでしょう。2005年の制度改正でつくられた介護予防サービスの一つに,「介護予防訪問入浴介護」というサービスがありますが,これなどは市場において存在しそうもないサービスではないでしょうか。また,介護報酬において市場サービスの価格としては実感しにくい政策誘導的な加算がつけられたりすることがありますが,それも度が過ぎると利用者の理解が得にくくなると思います。

家族介護給付の位置づけ

このように介護保険による給付は,市場における介護サービスの購入を

前提としていますが，今日でもなお，介護をしている家族に現金給付をすべきだという声は消えていません。その政策的当否は傍に置いて，仮にそれを行うとしたら，どのような位置づけ・方法によることとなるか考えてみましょう。まず，介護をしている家族の苦労に報いてあげたいという素朴な思いから現金支給を主張する意見は，いわば社会として介護家族を慰藉激励しようという趣旨だと言えます。しかし，親子・夫婦が家族の情に基づいて行う介護に対し，皆が出し合う保険料によって報いることに，保険料負担者の納得が得られるでしょうか。地方自治体が地域の実情に応じ公費でその気持ちを表すことはあるにしても，国の制度で，しかも保険料によって行うことは「いかがなものか」というところでしょう。

それでは，ドイツのように介護する家族をサービス提供者とみなし，提供者たる家族に支払うべきサービスの対価を，介護保険から要介護者たる被保険者に支給するという構成を考えてみましょう。家族の情愛に基づく介護を称揚したいという立場の人からは，家族は金をもらうから介護するのではないと反発されそうですが，それは別としても，果たして現金支給によって家族による適切な介護が行われる保証はあるでしょうか。その金銭が確実に介護する家族の手に渡るのか，その金額は家族介護の対価としてふさわしいか（ドイツではサービス給付費の半額），金をもらっているのだからと周囲から家族介護を押しつけられるのではないか，といった懸念を払拭することは難しそうに思われます。かえって，過重な介護負担からの家族の解放という目的に反する結果となるおそれが大きいのではないでしょうか。

このように介護保険という制度において，家族介護に対する現金給付を行うことには相当に高いハードルがあります。日本の介護保険では，訪問介護事業者の訪問介護員について定めた"同居家族へのサービス提供禁止"というルールの例外として，一定の条件を満たす場合には，訪問介護事業者が訪問介護員をその家族に対する訪問介護の業務に就かせることが，基

準該当サービスとして認められています。これが，事実上可能な家族介護へのギリギリの対応でしょう。

　長命化・家族規模の減少に伴い，家族の介護負担は今後ますます重いものになると予想されます。そうであれば，現金給付によって家族介護に肩入れするより，介護保険本来の役割である介護の社会化を一層進めることに，本腰を入れるべきではないでしょうか。

> **コラム**
>
> **基準該当サービス**
>
> 　都道府県知事（地域密着型サービスであれば市町村長）の指定を受けられる要件は完全に満たしてはいないが，介護保険制度上，指定を受けた事業者のサービスに準じるサービスとして認められるサービスを，基準該当サービスと呼び，事業所の所在する市町村長が認めた場合，その市町村の区域内では指定サービスと同様に扱われます。どういう場合に基準該当サービスとして認められるかは，個々のサービスごとの指定基準で定められています。指定サービスの要件のうち基準該当サービスにおいて緩和されるのは，サービスのレベルに大きな影響を与えない項目であり，多くは従業者の常勤や専任，施設の併設などにかかる事項です。なお，介護保険法には，へき地や離島などにおいて指定サービスや基準該当サービスの提供が期待できない場合に，市町村の判断で独自のサービスを認める仕組みもあります。

第4章 介護サービスの特性

　前章で説明したとおり、介護保険の保険給付は「介護サービス費の支給」という方式を採っていますが、その給付の対象となる介護サービスにはどのような特性があるのでしょうか。また、それは制度設計にどのような影響を与え、どう反映されているのでしょうか。

必要にして十分なサービス？

　個々の要介護者に提供・利用される介護サービスについて、内容・程度などが必要かつ十分なサービスであると客観的・一義的に言えるかどうかという問題を考えてみましょう。医療サービスの場合、個々の患者の状況に応じ、少なくともその主治医にとっては、必要にして十分なサービスが何であるか、一義的に決まると言えるでしょう。もちろん、セカンドオピニオンや医療の標準化などが話題になっているとおり、医師の判断といってもバラツキがあることは確かですが、建前としては、必要十分な医療行為を決めることができるという前提に立っています。だからこそ、医療給付の必要性、内容・程度についての判断を、実際に医療サービスを提供する医師に委ねることができるわけです。

　これに対し、医療サービスにおける医学に相当する「介護学」といった科学的な裏づけがいまだ十分確立していない介護サービスにおいては、必要かつ十分とされる内容・程度を一義的に決めることは困難であると考えられます。もちろん、その背景には介護が人々の多様で個別的な日常生活

全般を対象としているという事実があることはいうまでもありません。それでは，介護保険サービスはどのような内容・程度で行われることになるのでしょうか。

　施設サービスの場合，大まかな最低限の運営基準は決められていますし，施設ケアプランの作成も一応は義務づけられていますが，具体的な個々の介護行為についてはそれぞれの施設にまるごと委ねる形になっています。施設では24時間，生活全般を看ていますから，行うべきことは，施設によって日々の必要に追われる形で試行錯誤などを経て慣行的に決まっており，必要十分な施設サービスの内容をあえて決めなくて済んでいるとも言えます。したがって，介護報酬においては，施設における具体的な介護行為について評価することはせず（できず），人員体制などに基づく包括的な報酬が設定されているわけです。

在宅サービスの支給限度額

　他方，在宅（居宅介護）サービスの場合は，サービスの種類がいくつもあって，その内容もさまざまですし，サービスの程度も施設のように24時間のサービスでない以上，提供時間も自由に設定できますから，誰が利用するサービスの種類や内容・程度を決めるのかという問題が出てきます。介護サービスの世界には，医療サービスにおける医師のように，どういう種類のサービスを，どういう内容で，どの程度提供すればよいかを責任をもって客観的に決めることができる人は存在しません。介護に関する学問体系が確立されておらず，サービスの種類や内容・程度について必要かつ十分であると決める基準がない以上，それは当然のことでしょう。そうはいっても，制度である以上は何らかの目安もなしに給付をすることはできません。そこで考えられたのが，要介護度ごとの支給限度額の制度です。

　この制度は，訪問介護・訪問入浴介護・デイサービス／デイケア・ショー

トステイ・訪問看護・福祉用具貸与などの介護サービスはある程度まで選択・置換することが可能であることから，これらのサービスについては，利用者が一定の限度額の範囲内でその一つまたは複数を選択して利用できるようにするものです。必要かつ十分なサービスの種類や内容・程度について客観的に判断できる人がいない以上，その判断は利用者自身に委ねようというわけです。もちろんこれは，支給限度額で賄われるサービスが，個々の利用者にとって必要かつ十分なサービスであることを意味するものではありません。

　支給限度額は，要介護度ごとに，認知症型・医療型などいくつかの要介護者のタイプを想定し，それぞれのタイプごとに設定された標準的（基礎的・基本的と言っても可）と思われるサービスの組み合わせ利用例から導かれます。その利用例に介護報酬の単位をあてはめ，そのなかで最も高いタイプの介護報酬の合計が支給限度額として設定されるのです。個々の要介護者のニーズは，同じ要介護度であっても限りなく多様なものですから，この支給限度額の範囲で必要かつ十分なサービスの利用がすべて保証されるものではありません。もちろん，財源を際限なく注ぎ込めば，すべてのニーズに完全に対応することができるかもしれませんが，それが不可能であることは明らかである以上，要介護度に応じた支給限度額が設けられるのはやむを得ないと言うべきでしょう。ただ，社会保険として制度化する以上は，基礎的レベルと言うか標準的レベルと言うかは別として，ある程度以上のレベルのサービスが提供されなければ，被保険者の納得を得ることはできません。要介護度別の支給限度額はそのようなニーズと財源の両睨みで設定されているのです。

　この支給限度額も本来は，きっちりした「介護学」に基づき，必要かつ十分なサービスモデルを導いたうえで，その一定部分をカバーする額として設定すべきなのでしょうが，現時点では，あくまでも経験的に標準レベルと思われる水準として設定されています。いずれにせよ，現在の支給限

度額以上にサービスが必要となるケースは当然，想定されているわけで，その意味では，日本の介護保険もドイツの介護保険と同様，「部分保険」と言うべきでしょう。このように，介護保険では要介護者のすべてのニーズに完全には対応できない以上，要介護者の生活は，地方自治体の独自事業や地域住民の助け合いなどで多重的に支えられていく必要があります。

便利で苦痛もないサービス

　医療サービスは，手術や注射に代表されるように，多くは身体への侵襲や苦痛を伴います。薬も本来は異物ですから，服用しないで済ませられるのならそれに越したことはありません。しかし，介護サービスは，訪問介護や訪問入浴介護，デイサービスなどのように便利で快適，少なくとも苦痛は感じないサービスです。ということは，多ければ多いほど良いとされる傾向があることを意味します。例えば，風呂好きの要介護者にとって訪問入浴介護は，毎日でも使いたいサービスでしょう。あるいは訪問介護サービスも，頻繁に来てくれれば便利です。介護サービスは，"多々益々弁ず"のサービスなのです。支給限度額の制度は，このような利便性・快適性という介護サービスの特性に応じたものでもあります。

　これに対し，医療サービスは身体への侵襲や苦痛を伴いますから，患者としては最小限に止めてほしいと思うでしょう。したがって医療サービスは，その性格上行き過ぎたサービスに自ずと歯止めがかかると考えられますが，さらに制度上，定率自己負担もあるので，その歯止めはさらに強化されています。

　介護保険でも，支給限度額の制度に加え，１割の利用者負担が設けられていますが，これも，このような介護サービスの特性を踏まえ，限度額の範囲内でも合理的なサービス利用を担保しようとするものです。この利用者負担については，必要なサービス利用を抑制するものとの批判もありま

すが，介護サービスの費用の９割が保険料と公費で賄われていることを考えれば，サービスを利用する者に利用にあたっての"節度"を求めるための不可欠な仕組みであると考えるべきです。もちろん，この"節度"は，サービスを提供する事業者にも求められることは言うまでもありません。

　また，このような介護サービスの特性を踏まえると，給付費を抑制するために，例えば要介護２以下の利用者負担を２割にするといった提案には問題があります。便利で快適な介護サービスをより多く受けたいがために，家族や事業者はおろか要介護者本人まで要介護度が高くなることを期待するという，おかしな傾向を生むことになるからです。

介護サービスの量の適切性

　個々の要介護者に提供されるべき在宅（居宅介護）サービスの内容や程度を客観的・一義的に決めることが困難であるとすれば，どれくらいの量の介護サービスの提供を受けるかも利用者自身が選ぶことになります。この場合のサービス量は基本的に"時間"で測るしかありませんから，ケアプランでは提供される個々のサービスについて（場合によっては，訪問介護におけるように身体介護・生活援助という介護行為ごとに），提供時間を具体的に定めることになっています。それによって，利用者が選んだ量の介護サービスの提供が担保されることになるわけです。具体的にはそれは，ケアプランに基づくサービス利用票が利用者に交付され，利用者はそれによってケアプランどおりのサービスが提供されているかどうかをチェックするという仕組みによって行われます。

　予防給付や小規模多機能型サービスの一部については，包括払いの介護報酬が導入されていますが，以上の観点からは，提供されるサービスの量が具体的に定められることのないこれらのサービスが，手抜きされることなく，きちんと提供される担保はあるのかという懸念は残ります。提供さ

れるべきサービス内容が医学的に決まっていると（一応は）言える医療サービスの場合は，包括払いの診療報酬であっても，真に必要な治療行為が行われなくなることはないでしょうが，介護サービスの場合は，必要と思われる介護行為が行われなくても，それを客観的に論証することは難しいからです。診療報酬の世界では，費用の適正化のために包括化が積極的に行われていますが，土台の異なる介護サービスにおいて包括払いを採用する場合には，必要な介護サービスの担保ということに十分配慮する必要があると思われます。

介護サービスの質の適切性

　以上はすべて提供される介護サービスの量に関することでしたが，サービスの質に関しては，問題はより複雑困難です。介護サービスの質に関しては，客観的な評価基準が確立されていないので，運営方法に関し一般的抽象的な基準以上のものを定めることはできません。したがって，制度的な手立てとしては，人員体制や従事者の資格などの外形基準からアプローチするしかないでしょう。これらの外形基準は最低基準としては有効ですが，それはあくまでも間接的な方法ですから，それによってサービスの質を向上させようという政策には限界があります。ですから，政府も国民も，外形基準の強化で直ちにケアの質の向上が実現できるとは思わないほうがよいのです。ケアのスキルは現場での経験，特に前向きな取組みの積み重ねによって向上するものだからです。

　例えば，一定以上の割合で介護福祉士などの有資格者がいる事業所に適用される特定事業所加算にしても，利用者にすれば目に見えてサービスの質の向上を実感することはできないことが多いでしょう。利用者は，利用者負担の安い，当該加算を算定していない事業所を選択することさえ予想されます。最近の介護報酬改定ではこのような加算の仕組みが頻用される

傾向にありますが，これも診療報酬で用いられる方法の安易な移入と言えるかもしれません。

　それでは，ほかに介護サービスの質を確保する方法はないのでしょうか。制度的な対応としては，これらの基準設定のほかに，行政的な指導監査の方法がありますが，多数の事業者の存在を考えると，それに多くを期待することはできません。とすると制度的な対応以外で，質の確保の方策を考えることになります。その一つは，サービス市場における利用者の選択と事業者の競争です。そのためには，利用者の賢い選択を支援するような情報提供とともに，適切な競争が生じるような市場におけるサービスの需給バランス（供給が若干なりとも需要を超える状態）が前提となります。もちろん，これは言うは易く，実際に行うのは簡単ではありません。

　利用者のサービス選択のために提供される情報は，誰でも理解できる，それでいて事業者の選別がしっかりできるものが求められます。そういう情報提供を担うのに最も適当なのは，介護サービスを利用する者の団体でしょう。利用者の口コミ情報を集めるだけでもサービス事業者の選択に大いに有効だと思います。サービスの需給バランスをとるといっても，保険財政に与える影響を考慮して行う必要がありますが，特に施設サービスに関しては，地域によって見られる需給のアンバランスを回復させるため，施設整備のあり方を見直すことを検討してもよいのではないでしょうか。

　質の確保に必要な，もう一つの要素は，さらに迂遠かもしれませんが，サービス提供者個々人のプロ意識だと思います。たとえ，営利企業に勤めていても，プロとしての誇りがケアの質より経営効率を優先することに対する歯止めになるのではないでしょうか。でき得れば，事業の管理者にも一定の資格を有する者が就いて，サービス提供従事者がプロとしての仕事をできるよう配慮してほしいものです。

介護サービスの複数性

　医療の場合，複数の傷病を同時にもっていない限り，病院や診療所1か所から受けるサービスで完結しますが，居宅介護サービスは，多くの場合，医療系・福祉系などさまざまな事業所がそれぞれ事業を行っています。1か所の事業所が提供するサービスで終わるとは限りません。これは介護が日常生活の全般にわたるものであることから，それぞれの介護分野ごとに事業が成り立ち，必然的に事業者もそれぞれの事業ごとに存在しているからです。もちろん，保健・医療・福祉複合体のような総合的な介護サービス事業体の存在も考えられますが，そうであっても，その事業体のサービスをセットで利用しなければならないということはありません。

　このように居宅介護サービスにおいて複数の種類のサービスや複数の事業主体が存在することは，利用者にとって最も適切と思われるサービスの種類や事業者を選べるというメリットがある半面，そうするためには大きな手間がかかるという問題があります。ケアマネジメントが制度化された理由の一つが，ここにあります。

　介護保険の理念は利用者本位ですから，ケアマネジメントもまずは利用者の立場に立って，複数の居宅介護サービスの種類，事業者のなかから最も適切なものを選び出し，それらのサービス担当者を結びつけられるように行われます。その仕事のために創設されたケアマネジャーという職種は，しかし，単なる利用者の代理人でも，もちろん家族の代弁者でもありません。ケアマネジメントのプロとして，その職業意識を大いに発揮し，利用者の自立支援に向けた最も適切な取組みをすることが期待されている職種なのです。

介護サービスの分割可能性

　今述べたように，介護サービスには複数の種類があり，どれかを必ず使わなければならないということはなく，同じ種類のサービスであっても，どこまで行わなければ完結しないということもありません。介護サービスが個別のサービス行為の集積であることは，医療サービスが診察から始まり，さまざまな治療の過程を経て治癒・寛解などに至る一連の一体的な行為であることと比べ対照的です。

　このように医療サービスは分割不可能なサービスであり，途中で止めることはあり得ませんから，もし制度上，一連の不可欠な医療行為の一部を保険適用から外すとなれば，費用を負担できないために，実質的に治療上必要なサービスを受けられない人が出てくるおそれがあります。そうなれば，必要な医療サービスを国民すべてに提供するという皆保険の理念に反する事態を招いてしまうでしょう。階層消費（所得の多い人ほどたくさん消費すること）が大幅に拡大し，"金の切れ目が命の切れ目"となるのです。保険適用と保険適用外の医療を併用する「混合診療」を原則禁止とするルールは，医療サービスのこのような特性に基づいています。

　これに対し，介護サービスにはこのような問題はありませんから，「混合介護」は原則自由です。しかも介護報酬は，診療報酬のような公定価格ではなく，上限額を定めるものですから，支給限度額を超えて当該事業所の介護サービスを利用する者には，単価を低く設定するといったビジネス戦略も可能なのです。このように制度とビジネスが隣り合わせであるところは，介護保険の面白いところだと思います。

第5章 介護サービスの利用

　複数の種類のサービスがあり，それぞれに多くの事業者がいる居宅介護サービスを要介護者が利用する場合の基本的な仕組みとして制度化されたのが，ケアマネジメント（居宅介護支援）です。

ケアマネジメントの意味

　サービスの利用手続きという観点から，医療サービスの場合と比べながら，なぜケアマネジメントの仕組みが設けられたかを考えてみましょう。医療サービスは，被保険者が身体の不調を訴えて医療機関を訪れるところから始まります。医師は，被保険者を診察して何らかの治療の必要のある状態だと判断すれば，それは医療保険の給付が必要であることの認定になります。介護保険で保険者が行う要介護認定にあたります。医師は次にどのような治療が必要か判断し，病院内の関係スタッフと協働して必要な治療行為を行います。主治医は，ここでは治療方針や治療行為の決定・遂行に重要な責任を果たします。これに対して居宅介護サービスの場合には，医療における主治医のように，必要なサービス内容を客観的根拠に基づき責任をもって決定できる者は存在しません。どのような居宅介護サービスが必要あるいは適切かという客観的な根拠がない以上，どの事業者のどのような種類の介護サービスを利用するかの決定は，原則として要介護者自らが行うほかないのです。しかし，さまざまな種類のサービスがあり，それぞれ多くの事業者がいる居宅介護サービスについて，その選択・調整を

すべて要介護者が行うことには実際にはかなりの困難が伴います。また，介護サービスの利便性・快適性という特性からみて，要介護者の判断が適切なものになるという保証もありません。そこで，要介護者の立場に立ちつつ，専門的見地から居宅介護サービスの利用をコーディネイトするのがケアマネジャーによるケアマネジメントであることは，これまで述べてきたとおりです。

　ケアマネジメントを要介護認定と同様，保険者の業務とするか，独立した保険給付のメニューとするかは議論のあるところでした。しかし，保険者の業務とした場合，市町村の職員が行うにしろ，第三者に委託するにしろ，"自治事務"であるその業務の専門性を全国均一に確保することは困難です。また，保険者である市町村の業務とすれば，当然，その財源は公費ということになるでしょう。その財政制約から，市町村によっては十分なケアマネジメントがなされないおそれがあります。したがって，ケアマネジメントが医療における主治医の役割にも相当する重要な業務というのであれば，それを保険給付の一つと位置づけ，全国統一的な基準によりそのレベルや質を確保し，保険財源でそれをしっかり裏打ちすることが適当です。こうして，介護保険のなかで唯一創設的な仕組みであるケアマネジメントの保険給付化が選択されました。逆に言えば，ケアマネジメントは十分な学問的根拠もない状態で制度化されたとも言えるわけで，その標準化・科学化は当初からの課題でもあったわけです。

> コラム
>
> **個別対応と大量処理**
> 　対象が限られた一部の者であれば，それに対して個別的な対応が必要である場合でも，行政において行うこともできますが，対象者が大量にのぼり，しかもそれへの対応を機械的一律に行うことができない場合，

どうすればよいでしょうか。前者は福祉の措置であり，後者には医療保険や介護保険が当てはまります。

　医療保険では，この個別対応を医療機関に委ねてしまうことで問題解決を図りましたが，介護保険の場合はすべてを委ねられるような機関は存在しませんでした。そこで介護保険では，大量の要介護者に対する個別対応をケアマネジャーに委ねることで，この問題を解決することにしたのです。限定された対象者への個別処理を前提とする措置制度から，大量の対象者に対する個別対応が必要な介護保険への飛躍を可能としたのは，保険給付としてのケアマネジメントだったのです。

　もちろん，医療の分野でEBM（Evidence Based Medicine）や医療の標準化が言われるように，介護の分野でも，個別対応をすべて"個別処理"に委ねてよいというわけではありません。個別対応がケアマネジャーの力量次第というのでは，保険料の対価として保険給付を受ける権利が平等に与えられるという介護保険の精神に反し，保険料の拠出に対する理解が得られないからです。その意味で，ケアプランをできる限り標準化してケアマネジメントのレベルや内容を揃えることは，介護保険にとって不可欠のことなのです。もちろん，介護の個別性・多様性を考えれば，どれほど標準化が進んだとしても，個々のケアマネジャーの力量・感性などが重要であることは言うまでもありません。

ケアマネジメントと給付管理業務

　第3章でも説明したとおり，介護保険の給付は介護サービス費の支給という形式を採っています。これを字義どおりに実施すれば，利用者はサービス事業者にいったん費用の全額を支払い，その後，保険者から9割分の介護サービス費の支給を受けることになります。しかし，それでは利用者

にとって不便ですから，利用者が多くの現金を用意しなくともよいように，医療保険の場合と同様，いったん事業者に10割分全額を支払うのではなく，事業者には1割の利用者負担分だけ支払えば済むようにする必要があります。すなわち，「介護サービス費の支給」の現物給付化です。

　ところが，介護保険が複数の事業者のサービスを支給限度額内で給付する仕組みを採っていることから，ここに一つの難問が発生します。仮に，医療保険と同様に現物給付化した場合，複数の事業者から，合計すれば支給限度額を超える介護報酬の請求をされても，審査支払機関（国保連合会）は，それらの合計が支給限度額の範囲内かどうかをチェックできないという問題です。これを解決するには，支給限度額の範囲でどの事業所のどのサービスがどれくらい利用されることになっているかを，審査支払機関が予め把握しておく必要があります。そこで，ケアマネジャーは，ケアマネジメントの際に支給限度額の範囲で利用するサービスの種類・事業所・利用量を記載した帳票（給付管理票）を作成し，それを審査支払機関に送付することとされました。これを給付管理システムといいます。このシステムによって，審査支払機関は各事業者から提出された介護報酬請求書と給付管理票を突き合わせ，それに整合しない介護報酬の請求をチェックすることができるわけです。

　介護保険では，利用者はケアマネジャーにケアマネジメントを依頼せずに，自らケアプランを作成し，個々の事業者にサービス提供を依頼することが認められていますが，その場合でも，利用者が現物給付化を望むなら，給付管理票に相当する帳票を自ら作成し，審査支払機関に送付することが必要です。このようなケアプランの自己作成は，利用者（といっても多くは家族）が自らの状態を見つめ直し，どういうサービスをどういうねらいで利用するかを考えるうえで有効とされていますが，ケアプランの自己作成は簡単なことではありません。実際には，大部分の利用者がケアマネジャーによるケアマネジメントを利用することになるでしょう。

そういう仕組みとした判断には，すべての要介護者に適切に介護サービスを利用してもらうには，適切なケアマネジメントが不可欠であるという考え方があったからです。原則としてすべての要介護者がケアマネジメントを利用できるように，この給付に限り自己負担がゼロとされていることも，それを裏づけるものでしょう。そのような思いを込めてつくられたケアマネジメントですが，その標準化・科学化という目標はまだまだ達成されていないようです。ケアマネジャー自身の研鑽努力のほか，日本ケアマネジメント学会などの研究者，国や都道府県・市町村の支援も期待したいところです。

> コラム
>
> **ケアマネジャーの独立性**
> 　ケアマネジャーは，ケアプランをつくる際，クライアントである要介護者に最もふさわしい事業所のサービスを選ぶことが期待されており，居宅介護支援事業の運営基準にも公平な事業者の選定が義務づけられています。しかし，ケアマネジャーが個別のサービスを行っている法人に属すことは認められているため，実際には自らが属している法人の経営しているサービスを勧めがちになる懸念があるとして，ケアマネジャーは弁護士などのように独立した事業形態とすべきだという意見があります。将来的には目指すべき方向かもしれませんが，ケアマネジャーがサービスの実態を十分把握できる立場にあることは必要ではないか，法人格だけ別にしても役員や資本などの実質的なつながりがある場合を排除できるかといった問題があることから，見送られたという経緯があります。まずは，サービス事業を経営する法人の役員などが，その法人に属するケアマネジャーに，自ら経営するサービスの利用を指示したり示唆したりすることを禁止すべきであると思います。

介護サービス利用の地域性・介護保険事業計画

　要介護状態が日常生活全般にわたり，また介護サービスの利用自体も日常生活の一部をなすことからすれば，それは身近な地域で利用できるものでなければなりません。しかし，傷病の場合は，特に重篤であれば，地域の医療機関ではなく，高度専門医療機関のある遠隔地に行ってでも受療しようとするでしょう。医療サービスの利用は生命にもかかわる非日常的な行為であり，そうである以上，住んでいる地域を越えて行われることも当然のことだからです。

　介護保険サービスの場合，保険者が要介護認定をすることにより，その者に介護保険の具体的な受給権を認めたことになることも重要な意味をもってきます。すなわち，地域に利用できるサービスが存在しない場合には，せっかく認められた介護保険の受給権を行使できないことになるからです。要医療認定という仕組みがない医療保険では，被保険者が医療機関に到達して初めて受給権が発生することと大きく違います。要介護認定をした保険者は，同時に地域におけるサービス確保の責任を負うこととなるのです。もし，地域に利用できるサービスが存在しない場合,「保険あってサービスなし」として保険者は介護保険の契約違反が問われることになるでしょう。介護保険事業計画の策定という医療保険にない業務が介護保険の保険者に課せられていることには，そういう意味があると考えられます。

第6章 介護保険の保険者

　ここまで，介護保険の保険者が市町村であることについて，特に説明はして来ませんでした。介護保険の保険者が市町村とされたのは，どういう理由からなのでしょうか。それを知るには，歴史を振り返ってみることが必要です。

老人福祉の措置制度

　介護保険創設まで，日本に公的な介護サービスの制度がなかったわけではありません。いうまでもなく，一つは老人福祉法に基づく福祉の措置によるサービス実施でした。老人福祉法は1963（昭和38）年につくられた，"福祉法"の仲間では比較的新しい法律ですが，その際，養護老人ホームがそれまでの生活保護法に基づく養老施設から老人福祉法に移管されると同時に，常時介護を要する者を入所させる施設類型として特別養護老人ホームが創設され，措置の対象施設となりました。その後，居宅における措置としてホームヘルプサービスやデイサービスなどが追加され，主として低所得者を中心に福祉の措置が拡充されていったことは周知のとおりです。また，地方分権や基礎自治体としての市町村の役割が重視され始めたことを受け，町村部の措置権が都道府県から町村に移管されて，地方における福祉行政の主体が市町村であることが明確にされたほか，事務の性格も機関委任事務から団体事務（現在の自治事務）に変えられ，市町村の本来の事務であることとされました。これらが，介護保険の保険者を市町村と

する伏線になったのです。

　しかし，この措置制度は，行政庁の一方的行為であって利用者はその客体にすぎず，建前上は入所する施設などを自ら選ぶこともできないほか，そもそもサービスを利用することも権利ではないとされていましたから，個人の選択や権利を尊重しようという時代の流れに沿わないものでした。そのような措置制度の下でも，高齢化の進行に伴って介護問題が広がりを見せるにしたがって，施設やホームヘルパーの数は計画的に増やされましたが，措置費が公費である以上，その飛躍的な増加には限界がありました。この老人福祉の措置の二つの隘路（権利性と量的充足）を突破する方法として，"保険制度"は有力な選択肢とされたのです。

医療保険による対応

　介護ニーズに対するもう一つの対応は，医療保険による方法でした。当時，高齢者に対する医療サービスは，主として医療保険者の共同事業である老人保健法によって行われていましたが，同法では介護問題の広がりに応じて老人保健施設・療養型病床群（現在の療養病床）・訪問看護など，介護サービスに近い医療的サービスがメニューに加えられていきました。しかも，これらの介護的色彩の強いサービスについては，公費の割合が3割から5割に引き上げられて，医療保険からの分離独立が準備されていったのです。このような内容をもつ老人保健法の給付の実施主体が市町村とされていたことも，介護保険の保険者を市町村とする有力な根拠でした。

　しかし，措置制度も老人保健制度も，市町村が実施主体であるのは給付面だけです。保険料を決定し，賦課徴収するという重要な機能も含めて，介護保険の保険者をどこが担うかを決める理由としては十分ではありません。実際，介護保険の立案過程で最大の争点になったのは，この保険者問題でした。市町村からは，国民健康保険の運営で大きな苦労を強いられて

きたとして，介護保険の保険者を引き受けることに強い難色が示されたのです。このことは都道府県も同様でした。

介護サービスの地域性と保険者

　介護保険は，基本的に65歳以上の高齢者を被保険者とする前提で構想されました。介護保険のサービスを利用する者は高齢者が中心だからであることは，いうまでもありません。65歳以上の高齢者は，なかにはまだ現役で事業所に雇用されている者もいますが，大部分はリタイアして生活の根拠を地域においています。生活の糧のほとんどは年金収入であり，事業所から給与収入などを得ている人は多くはありません。したがって，介護保険も職域保険ではなく，地域保険として構成することが自然であるとされました。

　地域保険として構成する場合，新たに保険者となる主体を創設することも考えられなくはありませんが，既存の地方公共団体に保険者になってもらうことが現実的です。そうなれば，市町村か，都道府県しかありません。

　市町村か都道府県かの選択を考える場合，メルクマールになるのは，介護サービスの利用がおおむね市町村の範囲内で行われるということでした。医療サービスであれば，良い病院や評判の医師の診療を受けるためなら，他の市町村，場合によっては他の都道府県に行くことさえありますが，介護サービスを受けるためにわざわざ遠く離れた市町村まで行くことは，通例，考えられません。医療サービスを受けるのが生命にかかわる非日常的な行為であるのに対し，介護サービスを受けることは日常生活の一部をなす，まさに日常的な営為であることからすれば当然のことでしょう。

市町村行政と介護保険

　もう一つ，介護保険の保険者が市町村とされた理由としてあげられることに，介護保険サービスだけでは，住民の介護ニーズのすべてをカバーすることは難しいということが考えられます。例えば，一人暮らし高齢者のための配食や見守り・声かけなどは介護保険サービスではありませんので，必要であれば市町村が単独事業として行うことになります。もちろん，市町村事業として行うことも難しいインフォーマルなサービス（住民同士の助け合いやボランティア活動として行われる）もありますが，それらを組織したり支援したりするという意味で，市町村の役割は重要です。これらの介護保険外のサービスと介護保険サービスを一体的に実施するうえでも，市町村を保険者とすることが適当であると考えられました。

市町村保険者の意味

　このように，市町村が保険者となることには，どういう意味があるのでしょうか。要介護認定をした市町村保険者には，「保険あってサービスなし」とならないよう，その地域に必要なサービスが揃うよう努める責務が生じることは前章で述べたとおりですが，保険財政に責任をもつという側面から見ると，市町村保険者は，地域におけるサービス提供体制についても深く関与することが求められます。実際，地域性の強い介護保険サービスの場合，そうすることが可能でもあります。

　介護保険施設の指定権限は原則として都道府県知事にありますが，その指定にあたっては市町村長の意見を求めることとされているほか，地域密着型サービスについては指定権限自体が市町村長に与えられていることは，その現れであると言えます。このことは，保険医療機関の指定が厚生労働大臣の権限とされ，国民健康保険の保険者たる市町村には何の権限も

与えられていないこととを比べると，際立って対照的です。すなわち，保険者がサービス供給をコントロールできる権限をもつということは，健全な保険運営をするうえで極めて大きい意味があることなのです。

　このサービス供給に関する市町村保険者の関与は，基本的に介護保険事業計画を通じて行われますが，市町村の姿勢が，保険財政の健全性，換言すれば保険料水準の抑制の方に傾き過ぎると，保険者として要介護認定をした責任を全うできなくなるおそれが出てきます。市町村が保険者としての責任を果たすには，両者のバランスに配慮しつつ，保険料が給付費に充てられるもので一方的な負担でないことを，被保険者住民に理解してもらう努力を続けることが重要です。

第7章 介護サービスの提供

　介護保険で提供されるサービスメニューは，第１部で説明したとおりですが，ここで介護サービスの提供に関し，いくつか注意すべき事項にふれておきましょう。

介護保険サービスのメニュー

　介護保険によるサービスとして提供されるものとしてどういうメニューを並べるか——というとき，まず列挙しなければならないのは，介護保険以前から公的制度に基づき提供されていた介護サービスです。老人福祉法による特別養護老人ホームや在宅３本柱（ホームヘルプサービス・デイサービス・ショートステイ）などのほか，老人保健法による老人保健施設・訪問看護・療養病床といったサービスは，当然，介護保険法に移るべきものと考えられました。

　ところが，訪問看護と療養病床は要介護高齢者に限定されるものではなく，医療保険においても，すなわち高齢者に限らず給付対象とされていましたし，また，要介護認定されない高齢者も存在します。そのため，この二つは介護保険と医療保険の両方にまたがることとなったのです。また，療養病床はれっきとした病院・診療所ですから，費用は他の施設と比べて高額です。後述しますが，保険料の天井が低い（保険料引き上げが難しい）介護保険にとっては荷が重いことも確かでした。これが，今日に及ぶ療養病床を巡る議論の淵源です。ちなみに介護保険適用の療養病床は当初，介

護老人療養施設というすっきりした名称にする予定でしたが，日本医師会からの要望により土壇場で介護療養型医療施設という名称に変わり，医療施設が介護保険に入っていることがかえって明確になりました。私は，現在はこの二つは医療保険に戻したほうがよいと考えています。

　このように見てきたとき，40歳以上の第2号被保険者が利用できる介護サービスが，特段掲げられていないことに気がつきます。確かに訪問介護などは高齢者・障害者で共用できるメニューですし，デイサービスなどもサービス内容の工夫で対応できるかもしれません。また，特別養護老人ホームも，老人福祉法上65歳未満であって特に必要がある者は入所できることになっています。しかし，旧身体障害者療護施設のような障害者のための介護施設が介護保険で利用できないことについては，どう考えるべきなのでしょうか。

　このことは，介護保険法が基本的に「高齢者介護保険法」であることを象徴しています。実際，当初の厚生省（当時）の案では，被保険者は20歳以上，受給権者は65歳以上の要介護者とされていたのですから，それも当然です。また，40歳以上の者が被保険者とされた後も，64歳までは老化に伴う疾病が原因で要介護状態となった者に限定されますから，それらの者も疑似高齢者として受給対象になっていると考えれば，以上のような介護保険サービスのメニューについても，一応の説明は成り立つでしょう。しかし，今後，本格的に被保険者・受給権者の年齢範囲を拡大するのであれば，老人福祉法という年齢に着目したサービス体系をエイジフリーにするか，障害者施設における介護サービスも介護保険対象として加えるかの選択を迫られることになるものと思われます。

> コラム

特別養護老人ホームとは何か

　特別養護老人ホームは，老人福祉法では常時介護を要する者を入所させて養護する施設，介護保険法では「介護老人福祉施設」と呼ばれる，施設介護サービスを提供する施設です。いずれにしても介護が必要な者を入所させて介護サービスを提供する施設ですから，要介護者だけを入所させる専用施設です。施設は，当然のことながら，入所者の生活全般について，24時間の管理責任を負います。これは施設と住居の違いの一つです。住居に居宅介護サービスを外づけする場合と比べると，その意味が理解できるはずです。居宅介護サービス事業者は，基本的には当該サービスの提供に関する責任しか負わないからです。

　特定施設入居者生活介護の指定を受けた有料老人ホームには要介護者が入居できますが，それ以外の者も入居できますので，その点で特養ホームと区別されます（入居するときの条件が要介護者に限定されていなければ，結果として入居者全員が要介護者となってもかまいません。この点も施設と住居の違いの一つです。）。その意味では，介護専用型を謳う有料老人ホームは，この区別を曖昧化するものです。また，介護サービスを提供する専用施設でありながら，その管理者について特段の条件が課されていないのは，医療サービスを提供する専用施設である病院の管理者が医師でなければならないとされていることと比べ，見劣りすると言わざるを得ません。介護サービスの専門施設と称するのであれば，これらの二つを明確にするべきでしょう。

介護保険サービスの本籍地

　介護保険サービスには，たとえて言うなら本籍地が介護保険法にあるものと，本籍地は別の法律にあり現住所が介護保険法にあるものの二つがあります。介護老人保健施設は本籍地であった老人保健法から介護保険法にそっくり移転してきましたが，医療法にも医療提供施設として名前だけ掲げてあります。これは老人保健法のときと同じです。特別養護老人ホームは老人福祉法が本籍地ですが，介護保険法では介護老人福祉施設として介護保険のサービスを提供します。ですから措置により入所するのは，特別養護老人ホームであって介護老人福祉施設ではありません。介護療養型医療施設も，療養病床としての本籍地は医療法です。衛生面の規制をする医療法とファイナンスのための介護保険法の役割分担であり，これは医療保険適用の療養病床でも同様です。

　在宅３本柱と言われた居宅介護事業は，介護保険で導入された介護予防型・認知症対応型・地域密着型も含めて従来どおり老人福祉法に規定されていますし，介護保険オリジナルの認知症対応型共同生活介護（グループホーム）と小規模多機能型居宅介護は，改めて老人福祉法にとり入れられました。これに対し，居宅介護支援事業・訪問入浴事業などは介護保険法の世界だけで完結しています。福祉的色彩があるとしても，老人福祉法に規定して措置の対象とする必要はないと考えられたのでしょう。

　このほか，特定施設入居者生活介護の対象となる施設（住宅）では，介護保険適用となるのは，そこで提供されるサービスのうち要介護者を対象とした介護保険サービスに相当する部分だけですが，その施設自体の本籍地は老人福祉法（ケアハウス・有料老人ホーム等）に限らず，高齢者の居住の安定確保に関する法律（適合高齢者専用賃貸住宅）にまで及んでいます。

サービス事業者の指定

　介護保険法によるサービス事業者となるには，原則として都道府県知事（地域密着型サービスの場合は市町村長）の指定を受ける必要があります。この指定は，介護サービス市場でサービス提供を行っている（行おうとする）事業者について，衛生面などの規制があるサービスの場合はその許認可を受けていることを条件に，介護保険サービス事業者としてふさわしいものであることを確認するものです。ですから，定められた要件を満たしている場合には当然，指定されることになります。都道府県介護保険事業支援計画による総量規制がある場合などを除き，行政庁の判断の入る余地はありません。

　指定の要件として定められているのは，サービス従業者や施設の設備・運営に関することのほかは，申請者・開設者あるいは役員等の欠格条項を除けば，"法人"であることだけです。介護老人福祉施設（特養ホーム）は老人福祉法により社会福祉法人，介護療養型医療施設（病院・診療所）は医療法により医療法人・医師とされていますが，それらの規制がないサービス事業については，法人格さえ取得すれば誰でも開始できることにしたのは，営利法人やNPO法人などの参入に道を開くことで，サービス量を拡大するとともに，多様な主体の競争によるサービスの質の向上も期待してのことでした。

　医療保険の世界では，医療法が改正されて医療法人の非営利性が強化されるなど，サービスの担い手はむしろ非営利法人に純化される傾向がありますが，その費用が保険料や税金により賄われること，サービスの開始がサービスを提供する医療機関の判断に委ねられていることや診療報酬の基本が出来高払いであることからすれば，それは必要なことでしょう。しかし，財源は医療保険と同様ですが，要介護認定で入口がチェックされ，在宅サービスの支給限度額や施設の定額報酬によって費用の歯止めが働く介

護保険の場合，その必要はさほど大きくはないと考えられます。

　とはいえ，営利企業も含めサービス事業者には，自分たちの事業が利用者から受け取る1割だけで成り立っているのではなく，9割は国民の保険料や税金で賄われていることを忘れないでもらいたいと思います。自らも被保険者や国民として保険料や税金を負担していることを思い起こせば，節度あるサービス提供が求められることは，当然，理解していただけるのではないでしょうか。

第8章 介護保険サービスの対価

　介護保険サービスを利用した者には介護サービス費が支給されますが，実際は法定代理受領方式により，保険者からサービス事業者に直接支払われます。その介護サービス費の額を定めているのが介護報酬です。ここでは，診療報酬との違いにもふれつつ，介護報酬の特徴や意味について考えてみます。

通常のサービスの対価

　私たちが市場でサービスを購入する場合，その料金はどのように決められるでしょうか。どのような料金であれば払う気になるでしょうか。例えば，美容院や理髪店の料金を考えてみましょう。これらのサービスは自由な競争市場で行われますから，他と比べて値段が安い店が選ばれることはあるでしょうが，安くはあっても技量がお粗末で店も不潔だったら，敬遠されるに違いありません。ましてや公的な制度である介護保険サービスの場合，品質が悪くては税金や保険料をつぎ込むに値しませんから，介護報酬の額は，良質なサービスを確保できる水準のものとして定められる必要があります。また，その水準の決定には，サービスの質の確保のみならず，必要なサービス供給量を確保するため，市場において事業を安定的に経営できるという観点も求められるでしょう。もちろん，介護報酬の水準は保険料の多寡に直結しますから，その設定にはこれらのバランスを総合的に配慮することが必要です。

介護報酬を決める要素

　介護報酬は，具体的にどのような要素に着目して定められるのでしょうか。さきほどの美容院や理髪店のサービスが仮に公定価格で提供されるとした場合，その水準は，本来ならば出来ばえや満足度などのサービスの価値に関する客観的な評価によって決められるべきでしょう。しかし，実際にはそれが難しいため，美容師や理容師の資格，サービスにあたる店員の数，カットやブロー，シェービングなどの個別行為，リラクゼーションなどにかける時間などのサービスのコストを評価することで，価格が設定されるでしょう。これを医療サービスにあてはめると，治療成績・効果による評価は容易でないため，医師や看護師などの従事者の専門資格およびその員数，手術・検査・投薬など個々の診療行為，入院期間の長さなどによって，診療報酬が設定されることになるわけです。

　それでは，介護サービスの場合はどうでしょうか。介護サービスの効果測定は，医療サービスの場合以上に困難です。業務を担当する者の専門資格も，一部の医療系サービスを除いて制度上求められてはいませんし，有資格者であっても業務独占ではなく，高度で客観的な専門性が十分確立しているとは言えません。また，個々の介護行為に着目して評価するといっても，個々の医療行為の必要性が医学的に基礎づけられているのと異なり，介護行為の場合は客観的な学問体系の裏づけが不十分なため，個々の行為の必要性を判断して価格を設定することは困難です。身体介護とか生活援助といった大きな括りで評価するのが限度でしょう。

　さらに，介護サービスは，医療行為のように身体に対し不快かつ侵襲的でなく，むしろ便利で快適なサービスであるため，従事者は多ければ多いほど，サービス時間は長ければ長いほどよいとされがちです。これらを踏まえると，その経済的評価は，介護職員の体制やサービス提供時間をベースにするほかないと思われます。その結果，介護報酬は，居宅サービスに

おいては時間を基礎に，施設（系）サービスの場合は一定の職員体制があることを前提として日数に基づき，設定・算定することが基本となります。介護報酬の特徴は，診療報酬と違って個別行為や専門職への評価が少なく，職員体制に基づく包括評価やサービス時間に基づく積み上げ評価が中心であることにあるのです。また，介護報酬の1割が利用者負担であることからすると，サービス時間や職員体制をベースにする介護報酬のほうが，利用者の納得が得やすいということも考えられます。

介護報酬の複雑化と利用者の納得

　その意味で，最近の改定で介護報酬が複雑化し，それが利用者負担に跳ね返っても，自分たちの受けるサービスが具体的に良くなったと利用者に実感できないケースが増えてきたことは問題です。例えば，通所介護等では規模に応じて（大規模ほど低くなる）報酬に差がつけられ，訪問介護や通所介護では介護福祉士等の有資格者の配置状況に応じた報酬の加算が認められています。しかし，同じサービス内容であるにもかかわらず小規模と大規模で通所介護の利用者負担が違うことについて，本当に利用者はサービスの対価として納得しているのでしょうか。また，同じ職員数の事業所であっても，前述の加算のための体制をとっているか否かで利用者負担が違うことについては，高資格者が多い事業所がよほど質の良いサービスを提供していない限り利用者の納得は得られず，利用者負担の低い事業所に流れてしまうかもしれません。同様の現象は，介護報酬の高い認知症対応型の通所介護と従来タイプの通所介護との間でも起こっているようです。

　介護保険施設の報酬においても規模別設定やさまざまな加算が付けられていますが，例えば，在宅復帰支援機能加算・退所時等相談援助加算のような，相談・援助・支援・指導・連携といった目に見えにくい機能に着目した加算について，それに伴う利用者負担の増加を利用者自身は十分理解

できるでしょうか。本来，利用者が退所する際には，施設が在宅生活への移行に向けて支援するのは当然ではないかという受け止めもあるかもしれません。財源が少ないなかで事業者により良い取組みを促すための工夫であることは理解できますが，利用者がそれをどう受け止め，どう動くのかも考慮に入れないと，いたずらに制度を複雑化させるだけに終わるおそれがあります。

介護報酬のあるべき構造

　介護報酬が複雑化し，さまざまな加算制度が設けられることには，利用者負担に関する納得以外にもいくつか問題があります。一つは，個別の介護行為に関する政策誘導的な報酬設定が，診療報酬の場合のようには機能しにくいということです。前述のとおり，医療行為の必要性が医学的根拠とそれに対する専門職の知識で裏打ちされているのと異なり，介護行為についてはそれがありません。そのため，政策が誘導しようとする介護行為が行われるようになる可能性は，必ずしも高くないと考えられます。二つ目は，在宅サービスの場合，支給限度額があるために，望ましいサービスを受けようと思って加算を算定している事業所を選んだら，限度額の範囲内では受けられないケースがあることです。第三の問題は，複雑化した介護報酬は被保険者にとって理解しづらいものとなり，被保険者が介護報酬に基づく給付費と関連づけて保険料の妥当性を判断することがますます難しくなるということです。これらを避けるには，介護報酬は，あえて禁欲的に，できる限り一般的な職員体制と時間・日数を基本とする簡素な構造に戻ることが望ましいのではないでしょうか。介護の質の向上は，情報開示・提供とそれによる利用者選択を進めることを中心に行われるべきだと思います。

上限価格としての介護報酬

　介護報酬は，厚生労働大臣が定める基準によって算定されることになっていますが，この基準は介護保険から支払う上限価格という位置づけになっています。したがって，実際にかかった費用が基準によって算定した額より低い場合は，実際の費用の9割が事業所に支払われ，利用者負担もその残りの1割となります。ということは，事業者は介護報酬よりも低い割引額でサービス提供することもできることを意味します。例えば，前述したとおり，支給限度額の範囲内で浮いた分をその事業者が提供するサービスを利用するという条件で，事業者がサービス価格（10割額）を割引することは事業戦略としても十分考えられるわけです。これが可能になるのは，市場で介護サービスの取引が行われているという前提に立って「介護サービス費の支給」という給付方式を採っているからですが，その動機としては，このような価格競争による効率化を期待するという一面もあったのです。

　これに対し，診療報酬は公定価格であり，上限価格とはされていません。医療サービスの価格が値引きされるというのは医療の質に疑念を抱かせるとか，専門資格を有する医師の技術評価に差はつけられないといった説明もなされますが，もともとは医療保険の給付が，市場取引を前提とした医療サービス費の支給ではなく，市場取引とは無関係に，保険者が自ら，または第三者に委託して「療養の給付」を行うという創設的形式を採っている以上，一律の公定価格とすることは当然のことだからです。なお，このことから，介護報酬のなかでも訪問看護等の医療系サービスは，事実上割引の対象外とされています。

介護報酬の地域差

　診療報酬になくて介護報酬にある特徴は，地域によって水準に差がつけられていることです。医師の技術に関する評価という建前の診療報酬においては，地域差は認められにくいのですが，介護職員の人件費が大部分を占める介護報酬においては，賃金の地域差を無視することはできません。また，かつての措置費においてはこのような観点から級地制度に基づく地域差が設けられており，それを受け継ぐ部分もある介護報酬においては，当然，地域差を設けることとされました。

　この地域差は，介護報酬について単位制（診療報酬における点数制と同様，1単位当たりの単価×単位数で算定する方式）を採ったうえで，人件費の比率に応じて区分されたサービスの種類ごとに，1単位当たりの単価に市区町村ごとに5区分に分けられた10.00円から最高11.05円までの差をつける方法により制度化されています。地域差をつけられた介護報酬は，指定を受けた介護保険事業所・施設の所在地によって算定されます。在宅サービスに関する支給限度額もこの単位数を基準に設定されていますので，金額ベースでは地域ごとに支給限度額の実額は異なります。地域差を設けることによって地域ごとに支給限度額の扱いが不公平にならないようにするための工夫です。なお，介護報酬のなかでも，診療報酬に近い，医師等の行う居宅療養管理指導には地域差は設けられていませんが，それは診療報酬の建前に沿ったものです。

> **コラム**
>
> **単位と点**
>
> 　診療報酬の額の算定は「点」数×単価（一律10円）で行われますが，介護報酬の額は「単位」数×単価（級地別・サービス別）により算定さ

れます。介護報酬において「点」ではなく「単位」と別の呼称が用いられたのは，このように級地別単価など診療報酬にはない仕組みを取り入れるため，あえて診療報酬との違いを強調するねらいがありました。介護保険を医療保険からは独立した別制度としたのは，医療保険にはない独自の仕組みを取り入れ易いようにとの配慮からでしたが，それが介護報酬の算定における用語の呼称にも現れているのです。

福祉用具レンタルの自由価格制

　診療報酬に基づく薬価基準や材料価格基準では，保険医療機関や保険薬局に償還される医薬品や医療材料の価格も診療報酬本体と同様，1点単価10円による実額表示となっていますが，介護保険の対象である福祉用具の貸与（レンタル）については，レンタル価格の算定基準が定められておらず，実際の市場価格で給付されることになっています。このレンタル価格の算定基準が定められなかったのは，福祉用具の場合，薬事法のような個別製品の製造・輸入に関する規制がなく，さまざまな改良型が市場に投入されることもあり，個別の製品を同定して公定価格をつけるのは容易ではないことや，薬価などと同様の公定価格制を採れば，薬価差ならぬ用具価格差が生じ，それに伴う弊害が生じるおそれがあること，ケアマネジャーがカタログ価格からの値引き交渉に成功すれば，その分，支給限度額に余裕が生じて他のサービスの利用を増やすことができることなどが考慮されたからでした。ただ，実際のケアプランを見ると，一般的にはレンタル価格どおりの価格を前提としたケアプランが作成されているようで，期待されたケアマネジャーによるレンタル価格の値引き交渉は行われていないようです。

　公定（上限）価格制が採られている他の事業者と異なり，福祉用具レンタ

ル事業者には価格決定権がありますので，介護保険財源の配分を受けるうえで有利な立場にあります。ですから，福祉用具のレンタル市場で有効な価格競争が行われないとしたら，価格が高止まりして財源の効率的使用を害することになってしまうでしょう。ケアマネジャーには，レンタル価格に敏感になって利用者のために値引き交渉にも取り組んでほしいものです。もし，それが期待できないようであれば，福祉用具貸与の給付率を9割から引き下げることも検討すべきだと思います。

介護報酬の改定ルール

　介護報酬は原則として3年に一度，保険料の改定と合わせて改定されます。通例，改定の前年に行われる介護経営実態調査の結果に基づき，事業の種類ごとの収支差の状況を基本的な判断材料として，その上げ下げが決定されます。ある時点における事業の収支状況に応じて改定幅が決められることは，介護保険が短期保険である以上，当然といえば当然のことです。しかし，事業経営は長期的見地に立つ必要がありますし，特に職員のスキルアップには現場経験の積み重ねが重要で，その意味で長期的な人材養成戦略も欠かせません。そのことを考えますと，介護報酬の上げ下げが，ある時点の短期的な収支状況によって決まることには問題があります。介護報酬が下げられるかもしれないと思えば，事業者は人材確保のための給料表の改定に踏み切ることができず，場合によれば黒字分を内部留保して，かえって報酬引き下げを招き，さらに人材の確保・養成が難しくなるという悪循環に陥る可能性も出てくるからです。診療報酬の場合も同様の矛盾がありますが，医療サービスの場合は出来高払いの下である程度まで（例えば，念入りに再診を行うこと等によって）医療機関において収入を左右することができるのと比べ，要介護認定と在宅の支給限度額・施設の定額報酬で収入の外枠が決まっている介護報酬の場合は，それだけ深刻な問題なの

です。介護報酬におけるこのような長期戦略と短期保険の矛盾は，どう調整すればよいのでしょうか。

　経済情勢や国の財政状況も関係してきますから，簡単なルール化は困難ですが，少なくとも事業の種類ごとにマクロの指標を示し，報酬を上げるか下げるかのベクトルくらいは示せないものか，検討してみてはどうでしょうか。例えば，ある事業におけるマクロの収支差率がα％以下で，かつ，人件費率がβ％を超えていれば，介護報酬を引き上げるというルールを決めておくことにするのです。そうすると，個々の事業者は介護報酬の見通しがつけやすくなりますし，それらの指標を目安に毎年の経営計画を立てることもできるのではないかと思われます。

第9章 利用者負担

　介護保険サービスを利用する者は，かかった費用の原則1割を負担しなければなりません。ここでいうサービスにかかった費用とは，介護保険の給付対象（介護報酬の算定対象）となる額のことです。本章では，この利用者負担について考えます。

1割負担の根拠

　2005年改正で，施設における食事提供に要する費用の大部分やホテルコスト（部屋代・光熱水費）が保険給付の対象に含まれないことになった結果，介護保険の給付は直接的な介護サービスに限定されることとなり，1割の利用者負担もこれに対するものとなりました。これらの介護保険サービスを利用する者は，なぜ，その1割を負担しなければいけないのでしょうか。
　まず，法律的な説明です。介護保険給付が，「介護サービス費の支給」という方式を採っていることは何度か説明しましたが，その前提には，利用者と事業者の間で介護保険サービスに関する契約が結ばれているという事実があります。介護保険給付は，その契約に基づき提供されるサービス費用の9割分を介護サービス費として支給するわけです。ということは，残りの1割分は介護保険給付がカバーしないのですから，利用者はもともとの事業者との契約に基づき，通常の市場取引におけると同様，利用料金として事業者に支払わなければなりません。これが利用者負担の正体です。
　つまり，1割負担は，介護保険給付の外に在るもの（＝残余）なのです。し

たがって，法律上の正式名称もなく，「利用者負担」というのも通称にすぎません。

これに対し，健康保険や国民健康保険加入者の3割負担分は，法律上も「一部負担金」と呼ばれ，制度的に位置づけられています。すなわち，一部負担金は，医療サービスの全般をカバーする「療養の給付」のなかに含まれ，その費用の一部を特別に負担してもらおうというものなのです。したがって，「保険医療機関は一部負担金を受け取るものとする」という条項が法律でわざわざ置かれています。

それでは，利用者負担の実質的な意味は何なのでしょうか。一つは，介護サービスが，医療サービスとは異なり，多くは便利で快適でさえあるサービスであることに理由があります。前述のとおり，在宅サービスにおいて支給限度額があるにもかかわらず1割負担が求められるのは，支給限度額の範囲内であっても，サービスの合理的な利用が行われることを期待しているからです。

もう一つの理由は，傷病のように治癒するとの前提に立つことのできる医療サービスと異なり，要介護状態は不可逆的であるため，介護サービスの利用者が固定的になってしまうということにあります。その結果，たまたま要介護状態にならなかった者は保険料の掛け捨て状態が続き，介護保険サービスの受益が被保険者の一部に片寄ってしまいます。この状態が続けば，保険料の拠出意欲にも影響が出かねません。この点は，傷病になる場合とならない場合の交替可能性のある医療保険との大きな違いです。そこで，介護保険サービスの受益者とそうでない者のバランスをとるため，介護保険からの給付は10割とはせず，一部は利用者の負担とされたわけです。施設サービスのように定額の包括報酬の場合にも，1割負担があることは，このような根拠に基づくと考えられます。これに対し，医療保険の自己負担分が3割もあるのは，主として財政的理由に基づくものと考えられます。もちろん，介護保険の利用者負担にも財政的観点がないわけで

はありません。

なぜ定率1割なのか

　利用者負担はなぜ定率の負担とされ，その割合は1割とされたのでしょうか。まず，介護保険が「保険制度」である以上，負担能力に応じた利用者負担を採る選択肢はありませんでした。保険料，とりわけ負担能力に応じた保険料の拠出を求める以上，給付においても負担能力に応じた差を設けることは，保険契約が基づく"衡平"の観念を超えるものと考えられます。簡単に言えば，より多くの保険料を取られて，受ける給付はより少ないというのでは，被保険者の納得は得られないということです。介護保険の財源が保険料だけではなく，公費が半分を占めていることをもって，応能負担の要素を半分程度加味するという意見もあるかもしれませんが，公費負担の位置づけが，行政庁が行うサービスの財源ではなく，被保険者が自助＝共助のために行う保険料拠出への支援であると考えられることからすれば，利用者負担もやはり保険制度の原則に従うべきでしょう。

　応能負担でなければ応益負担，すなわち定額負担または定率負担ということになりますが，前述のとおり，サービスの合理的利用やサービス未利用者とのバランスを考慮すると，定率負担が望ましいことは明らかです。

　それでは，定率負担の割合が1割とされた理由は何なのでしょうか。介護保険制度以前，老人福祉法のサービスは1割以下の水準も多かった応能負担の費用徴収でしたし，老人保健法のサービスは1割にも満たない定額負担でしたから，介護保険創設時の定率利用者負担は，最も小さな整数である1割という選択肢しかありませんでした。むしろ，老人医療費無料化以来，せめて1割の自己負担は必要だと考えられてきたことからすれば，介護保険の1割負担はそれに先鞭をつけるものだったのです。また, 当時, 健康保険本人の給付率も8割にするという流れでしたから，それとのバラ

ンスから見ても1割というのは適当な水準だと考えられました。

　このように，1割という利用者負担の割合は主に歴史的な経緯のなかで決められましたが，制度としてあるべき割合というのは考えられるのでしょうか。医療保険の給付率が原則7割に統一され，しかもそれを下回ることはないことが法定されているくらいですから，7割未満ということはあり得ないでしょうが，それ以上であれば，最終的には被保険者の選択に委ねられるべきだと思われます。すなわち，保険料と利用者負担は連動していますから，高い保険料と低い利用者負担，低い保険料と高い利用者負担のどちらの組み合わせを選択するかは，両者を負担する被保険者自身，実際は被保険者の集合である保険者の判断に委ねるのが保険制度に相応しいのではないでしょうか。

利用者負担の軽減制度

　定率負担の場合，利用するサービス量が増えればその額も増え，場合によっては高額な負担となることも出てきます。介護サービス費は，医療費のような超高額になることはないにしても，ほとんど一生使い続けるものですから，そういう観点から，医療保険にならって高額介護サービス費の制度が設けられ，利用者負担に限度額が設定されています。しかも，その限度額は低所得者の場合，一般より低い額とされ，低所得者に配慮した制度となっています。同様のことは，2005年改正で施設のホテルコストを利用者負担に変えた際に導入された補足給付によっても行われています。

　このように，利用者の定率その他の負担は，通常の医療費のような不時の出費ではなく，常時の出費ですから，大方の人が通常の収入の範囲で負担できるような配慮が必要なのです。ただし，これらの低所得者への配慮措置自体は必要であるとしても，そこに保険料財源も投入されていることには問題があります。部分的とはいえ，利用者負担が応能負担化するから

です。本来は，このような福祉的措置は公費を財源として行うべきです。また，食費も含め広義の利用者負担を軽減すべき利用者もいることを考えれば，社会福祉法人が慈善的事業として行う無料低額事業を拡充することも考える必要があります。要は，保険制度として行う給付は保険の原則を守り，その原則に拠りがたい部分は公費による福祉的措置で対応するという，役割分担を明確にすることです。

軽度者の利用者負担の引上げ

　介護保険財政の観点から，急増する軽度者（要支援1・2，要介護1程度）の利用者負担について，1割から引き上げるべきだという意見があります。しかし，この措置には重大な欠陥があると思われます。すなわち，例えば要介護1までは利用者負担2割，要介護2から1割とした場合は，本人や家族は利用者負担が軽減されるよう要介護1から要介護2に進むことを望むことになりかねないからです。それでは，介護予防の趣旨にも反しますし，そもそも家族はおろか本人までもが要介護度が進むことを期待するというのは，人倫に悖(もと)ることではないでしょうか。軽度者の給付を適正化したいのであれば，このような利用者負担に差をつける方法ではなく，また，給付対象外としたり給付の重点化をしたりする方法（これらの方法により受給者割合が小さくなると，掛け捨てが増え，保険料納付意欲に悪影響を与える。）でもなく，給付内容を一定の比較的低額のものに限定するといった方法を検討すべきだと思います。

第10章 介護保険の財源構成

　介護保険給付の説明の後は，介護保険料の説明をするのが順番ですが，その前に介護保険の財源構成についてふれておく必要があります。というのも，介護保険の基本的財源である1号保険料は，介護保険の費用から公費と交付金（2号保険料）を除いた額を賄うものとして設定されるからです。

公費1/2・保険料1/2

　介護保険給付費の財源は公費1/2・保険料1/2とされていますが，保険制度であるにもかかわらず，公費が1/2も投入されるのはなぜでしょうか。そこには，介護保険給付を構成する福祉系サービス（特養ホーム・デイサービス等）が老人福祉法による公費サービスに由来することもありますが，もう一つの医療系サービス（老健施設・デイケア・訪問看護等）が老人保健法のなかでも介護的色彩の強い給付として，公費1/2が実現していたという歴史的事情がありました。これが実現した1991（平成3）年の老人保健法改正は，介護保険実現に至る隠された一里塚だったと思います。

　また，理論的には，要介護状態が要医療状態と比べて固定的・不可逆的であり，サービス受給者に交替可能性がないというリスクの特性に鑑みると，保険料だけで全費用を賄う純粋の保険制度にすることは難しかったという事情も考えられます。被保険者に保険料拠出を納得してもらうには，すべての被保険者の給付費の半分くらいは公費で下支えすることが必要だ

ろうというわけです。

　後期高齢者医療制度における公費負担割合も 1/2 ですが，その対象は現役並み所得のない被保険者の給付費に限定されており，所得の低い者への配慮という側面がありますが，介護保険における公費負担は，前述のように要介護状態の特性に着目したすべての被保険者への支援というべきでしょう。その意味では，基礎年金の国庫負担が，世代間扶養の賦課方式のもとにおける保険料拠出に対する納得を高めるために，1/2 とされたことと似ているかもしれません。また，保険制度への支援としては 1/2 が限度であることも，基礎年金と同様であると考えられます。

2 号保険料の配分

　1/2 の保険料を 1 号保険料と 2 号保険料でどう分担するかは，第 1 号被保険者数と第 2 号被保険者数の比率に応じて決められます。この比率は人口構成の変化に応じて変わりますから，3 年ごとに見直されることになっています（平成 21～23 年度は 1 号保険料 20％：2 号保険料 30％）。2 号保険料は，介護給付費の総額に基づく全国統一の単価で各医療保険者に割り振られ，第 2 号被保険者がどの市町村の被保険者であるかとは無関係に，その属する医療保険者における医療保険料のルールに基づき算定されます。そのような算定ルールにより納付された 2 号保険料ですから，各医療保険者から社会保険診療報酬支払基金に集められた後，各市町村に対しては，それぞれの給付費に応じて一律（平成 21～23 年度は 30％）に交付されます。この結果，高齢化が進んでいる郡部の市町村（例えば，第 1 号被保険者 25％・第 2 号被保険者 25％）と高齢化が進んでいない都市部の市町村（第 1 号被保険者 15％・第 2 号被保険者 35％）を比べますと，前者の方に 2 号保険料が多めに配分され，高齢化の差に伴う費用負担の差をある程度まで調整する機能を果たすことになるわけです。

後期高齢者比率による調整

　国・地方の負担は，各市町村の給付費に応じて一律（国は 20％，ただし施設給付費は 15％。都道府県は 12.5％，ただし施設給付費は 17.5％。市町村は 12.5％）に行われますが，国の調整交付金（全体では 5％）は，個々の市町村によって配分割合が異なります。これは，同交付金を，市町村の個別事情のうち 1 号保険料の水準に反映させるべきではないものに着目して傾斜的に配分し，それらの事情に伴う給付費や保険料水準の差を調整することにより，最終的に算定される 1 号保険料の水準を調整交付金交付後の（最終保険料水準に反映させるべき）介護給付費の水準にリンクさせるためです。

　もう少し具体的に説明しましょう。市町村の介護給付費の水準は，どのような要素の影響を受けるでしょうか。要介護認定を受けサービスを利用する者の数が多いと，給付費は嵩みます。それ自体は当然のことですが，それをすべて保険料に反映させるとしたら，不都合な場合が出てきます。すなわち，後期高齢者の比率が高いと，それだけ要介護状態となる者が増える可能性が高まりますから，超高齢化が進んでいる市町村にとっては不公平と考えられます。そこで，65 歳以上の第 1 号被保険者の比率が高いことについて，前述のとおり 2 号保険料の配分の際に調整されたように，75 歳以上の後期高齢者比率が高いことについても，調整が必要になるわけです。これが，調整交付金の第 1 の機能です。

　ここで注意すべきは，調整の指標は要介護者の比率ではなく，あくまで要介護状態となる可能性の高い後期高齢者の比率であるということです。これにより，市町村が適正な要介護認定と介護予防に努めるようになることが期待されています。なお，要介護者のサービス利用額が多いことは，施設数が多いことも含め，それだけ多く受益していると考えられますから，当然，保険料に反映させるべきであり，調整交付金の指標とはされていません。

所得分布状況による調整

　1号保険料は，次章で説明するとおり課税所得等の状況に応じ原則として6段階に分けて設定されることになっています。この保険料設定段階の基準は全国一律に決められますが，被保険者の課税所得等がまちまちである以上，保険料設定段階ごとの被保険者の分布状況は市町村によって異なります。そのままでは，保険料が低い所得段階の被保険者が多い市町村の保険料水準は高くなってしまいます。そこで，保険料設定段階ごとの被保険者の分布が全国市町村の平均と同じになるよう調整して，低所得層が多いというハンディを解消してやることが必要になります。これが国の調整交付金のもう一つの役割です。

　2号保険料による交付金と定率の国・地方の負担金，および介護給付費や保険料水準に反映させるべきでない市町村の個別事情を調整する国の調整交付金の額を，介護給付費総額から差し引いた残りの額が，1号保険料で賄うべき額となります。この算定方式により，最終的な保険料水準は受益と考えられる介護給付費の水準に公正にリンクされることになるのです。このことは，介護保険において保険料と給付との対応関係を明確化させるものとして，本質的な意味をもっています。保険料と給付との明確な対応関係は，保険運営の自律性を確保するうえで極めて重要な要素だからです。

市町村国保保険料との違い

　この意味で，介護保険とは逆に，各市町村が保険料を設定した後に，その残りの給付費の額を調整交付金として交付する市町村国民健康保険の場合は，医療給付費と保険料の対応関係が明確ではなく，保険運営の自律性という意味では問題があります。この点で介護保険は，国保制度の反省に

立って，あるべき保険運営の財政方式を確立したと言うことができます。この方式は，後期高齢者医療制度の保険料と調整交付金の算定にも導入されています。

> **コラム**
>
> **特別調整交付金**
>
> 　介護保険の調整交付金には特別調整交付金もありますが，これは災害等の特別事情がある場合に限定され，かつ，普通調整交付金の残額とされています。さまざまな特別事情で配られる国民健康保険の特別調整交付金のような裁量性がありませんから，その面でも介護保険の財政運営の透明性・自律性は確保されるようになっています。なお，介護予防の取組み状況を特別調整交付金に反映させようという考え方もあるようですが，以上の調整交付金の趣旨からすると，そのような裁量的な配分はすべきではありません。

第11章 1号保険料

　前章で説明したように1号保険料は，市町村ごとの給付費を反映して保険者によって決められる介護保険の本質を体現する財源です。

1号保険料を負担する者

　1号保険料を負担する義務のある者，すなわち第1号被保険者は，各市町村に住所を有する65歳以上の者です。ただし，一定の障害関係施設に入所中の者は，同施設で介護保険給付に相当するサービスを受け，介護保険給付を受ける可能性がないことから，当分の間，被保険者とはされないことになっています（この扱いは第2号被保険者も同じ）。また，特別養護老人ホームなどの入所者で住所をその施設の所在地に移している場合には，特別に元の住所地の市町村の被保険者とされます。これは，特養ホームなどの所在地の市町村に要介護者である被保険者が集中して，その市町村の保険料が高くなり過ぎるのを防ぐためです。

　第1号被保険者の範囲には，国民健康保険にない大きな特徴があります。市町村国保においては，生活保護を受けている者は，保険料負担能力がないとして，被保険者とされていません。しかし，介護保険では生活保護受給者も第1号被保険者に含めることになっているのです。しかも，生保受給者であっても国民年金の第1号被保険者のように保険料負担が免除されるわけではなく，低額ではあっても1号保険料の負担が求められます。国民年金の場合は，保険料を免除して，その間は資格期間には反映させ，年

金水準は国庫負担分のみとするという扱いができますが，サービスの保険である介護保険では，保険料負担なしで給付を受けさせるわけにはいかないからです。

生保受給者はそれによって最低生活水準を維持しているわけですから，1号保険料を払うと，その分が最低生活費に食い込んでしまいます。それでは憲法25条1項の趣旨に反してしまいますので，1号保険料分の費用は，生活扶助費に上乗せされることになっています。その分は福祉事務所から直接，市町村の介護保険特別会計に支払われます。このような生活保護受給者の扱いは，わが国の社会保険では初めての試みでした。

生保受給者といえども自ら保険料を納付し，住民の助け合いである介護保険に参加するという扱いは，生保受給者を一個の独立した市民として扱おうというものであり，憲法13条の理念にも適合するものであると思います。なお，制度創設前に特養ホームに福祉の措置により入所していた者のかなりの部分が生保受給者であったことも，実際の考慮には含まれていました。介護保険の中心的な給付である特養ホームの入所者を介護保険の対象外にすることは，不自然だったからです。

> **コラム**
>
> **個人単位の適用**
>
> 65歳以上の住民は，その者が健康保険において被扶養者であっても，介護保険では第1号被保険者として一人前に扱われます。介護保険は国民健康保険と同様の地域保険として構成されていますから，国保と同様，各人が被保険者となるのは当然なのですが，これは健康保険加入者の目から見れば奇異に映るかもしれません。しかし，第1号被保険者を年齢で区切った以上，介護保険は，当然，個人単位の適用となるのです。すなわち，夫婦の生年月日が全く同一でない限り，片方が65歳に達したら，

> その者が単独で介護保険の被保険者となるからです。これは，後期高齢者医療制度においても同様であり，同制度ではそれまでと同じ医療サービスを受けるにもかかわらず，突然に保険料負担が発生することに批判が集まりましたが，介護保険では新たに介護サービスを受けられるということで，ほとんど問題になりませんでした。

1号保険料の設定方法

1号保険料は，第1部で説明したとおり，所得段階に応じて設定されます。すなわち，①生活保護受給者等，②市町村民税非課税世帯に属する者であって，公的年金収入金額＋地方税法上の合計所得金額が80万円以下の者，③市町村民税非課税世帯に属する者であって②以外の者，④市町村民税が非課税の者（他の世帯員が課税で，本人が非課税の場合），⑤市町村民税が課税されている者であって，合計所得金額が基準所得（平成21～23年度は200万円）未満の者，⑥市町村民税が課税されている者であって，合計所得金額が基準所得金額以上の者，という6段階が基本です。このうち，④の第4段階が基準額とされ，①②は基準額の0.5，③は基準額の0.75，⑤は基準額の1.25，⑥は基準額の1.5倍の額というように，基準額との比率で各段階の保険料額が決められます。⑤と⑥の境界である基準所得金額は，①～③の保険料総額が④の保険料総額を下回る額と，⑤⑥の保険料総額が④の保険料総額を上回る額が全国ベースで等しくなるように設定されます。これは，給付費中の1号保険料収入で賄うべき額が6段階の所得段階別保険料収入額に合致するようにするための仕組みです。なお，この所得段階の数や基準額の倍率・基準所得金額は，必要な給付費の額を賄える範囲で市町村が独自に変更することもできますが，国の調整交付金の算定は以上の基本的な仕組みに基づき行われます。

各市町村の保険料は3年サイクルの介護保険事業計画期間ごとに設定され，被保険者住民代表も参加する介護保険事業計画策定委員会の議論を経て，市町村議会において条例の形で決められます。向こう3年間の給付費をどう見込むか，それに応じた保険料をどう設定するかが，これらの当事者参加の手続きによって決定されることは，住民自治の観点からも極めて重要であると思います。各市町村における1号保険料の水準は，各市町村の給付費の見込み額と6段階の保険料段階ごとの被保険者数から簡単に算出でき，被保険者も容易に理解できますので，保険料の設定は透明化されていると言えるでしょう。

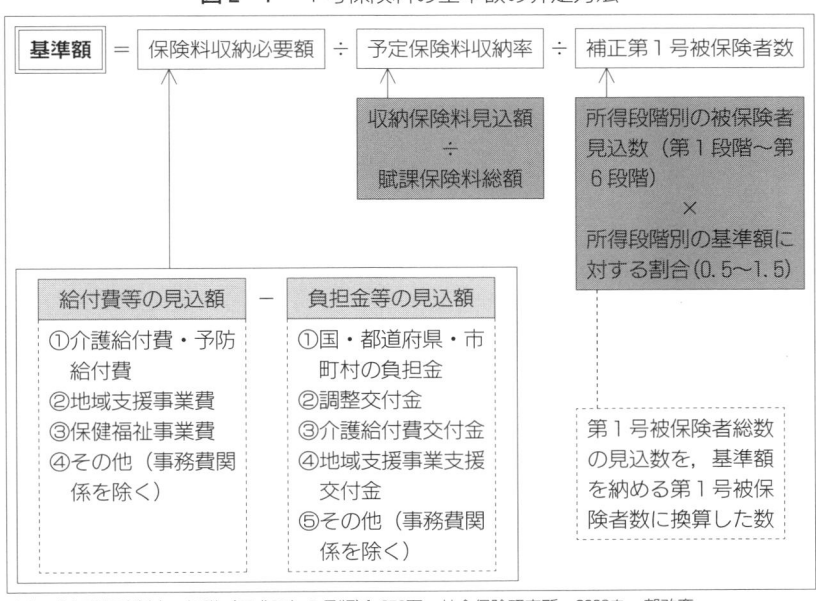

図2-1　1号保険料の基準額の算定方法

| 基準額 | = | 保険料収納必要額 | ÷ | 予定保険料収納率 | ÷ | 補正第1号被保険者数 |

予定保険料収納率 ← 収納保険料見込額 ÷ 賦課保険料総額

補正第1号被保険者数 ← 所得段階別の被保険者見込数（第1段階～第6段階）× 所得段階別の基準額に対する割合(0.5～1.5)

保険料収納必要額 ← 給付費等の見込額 − 負担金等の見込額

給付費等の見込額
①介護給付費・予防給付費
②地域支援事業費
③保健福祉事業費
④その他（事務費関係を除く）

負担金等の見込額
①国・都道府県・市町村の負担金
②調整交付金
③介護給付費交付金
④地域支援事業支援交付金
⑤その他（事務費関係を除く）

第1号被保険者総数の見込数を，基準額を納める第1号被保険者数に換算した数

出典：『介護保険制度の解説（平成21年5月版）』376頁，社会保険研究所，2009を一部改変．

コラム

基準所得金額

1号保険料における所得段階の第5段階と第6段階の境界となる地方税法の合計所得金額を基準所得金額といい，3年の保険料期間ごとに全国一律に決められます（平成21～23年度は200万円）。この基準所得金額は，6段階の所得分布が全国平均的な市町村において①第1・第2・第3段階の被保険者の1号保険料が第4段階に適用される保険料基準額より軽減される総額と，②第5・第6段階の被保険者の1号保険料が保険料基準額より多く課される総額が均衡する額として設定されます。

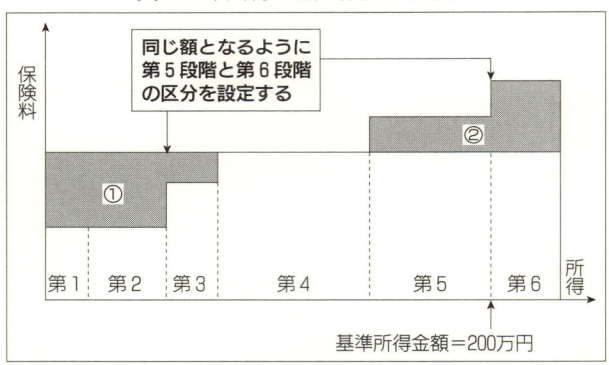

図　基準所得金額の設定の仕組み

出典：『介護保険制度の解説（平成21年5月版）』380頁，社会保険研究所，2009を一部改変．

国の調整交付金は，各市町村の被保険者の所得分布状況がこの基準所得金額設定のベースとなった全国平均の分布状況と同じになるよう配分されます。

所得段階保険料の理由

　それでは，そもそも１号保険料はなぜ所得段階別に設定されるのでしょうか。健康保険や厚生年金のように収入の○％で設定できれば簡明ですが，自営や無業の者も含まれる第１号被保険者の場合，稼得形態がバラバラであり，全員に共通の対象となるのは市町村民税の課税所得ベースしかないのです。しかも市町村民税非課税の者からも徴収するとなれば，具体的な金額をもって保険料を設定するほかありません。

　介護保険では，市町村国保のように定額部分を設けて保険料軽減で対応するのではなく，世帯概念や公的年金収入などの指標を持ち込んで，全国一律の所得段階別の設定方法を採ることとされました。これは，前述のとおり，国の調整交付金を算定するうえでも必要なことでした。世帯概念が持ち込まれていることには，個人単位化を目指すべきだという観点からの批判もありますが，生活実態が世帯単位で営まれていることや，多くの割合を占める市町村民税非課税者を何とか区分して低所得層に配慮する必要があることを踏まえると，やむを得ない措置というべきでしょう。

　６段階の保険料設定方式では，高所得層の保険料の程度は国保保険料ほど高くはなりません。所得再分配や保険財政の観点からはもっと多く負担させるべきだという意見もありますが，要介護状態が固定的で，医療給付のような受給の交替可能性がない介護保険の場合は，高所得層に極めて高い保険料を求めると，彼らの保険料拠出意欲が阻害されてしまうおそれがあります。その意味では，市町村において所得段階を増やし，高所得層に高負担を求めることにも限界があると考えられます。

１号保険料の徴収方法

　１号保険料の徴収は，口座振替や窓口納付などの普通徴収か老齢基礎年

金などからの特別徴収（天引き）により行われます。ここで特筆すべきは，年金天引きが保険料徴収に初めて用いられたということです。国民健康保険の運営，特に保険料徴収に悩む市町村にとって，介護保険の保険者を引き受けるというのは大きな決断でしたが，その懸念を緩和した材料の一つが保険料の年金天引きでした。各市町村は個々の被保険者の1号保険料額を日本年金機構などに通知し，そこで老齢基礎年金などから天引きされた保険料額を送ってもらうのですから，確実ですし，手間もかからないというわけです。天引きはまず，第1号被保険者に共通の年金である老齢基礎年金から行われ，しかも月額1.5万円以上の基礎年金が対象ですから，第1号被保険者の90数％が年金天引きで保険料を支払うことになります。基礎年金からの保険料の特別徴収はその後，後期高齢者医療制度や市町村国保などにも広げられ，地域保険における保険料徴収の標準装備になりつつあります。

1号保険料引上げの難しさ

　今後，高齢化がさらに進行して要介護者が増加するとともに，介護保険サービスの利用が進めば，介護保険の給付費は確実に増えていくでしょう。そうなると，当然，公費も増額し保険料も引き上げていかなければなりません。公費の増額が現下の財政状況では大きな困難に陥っていることは確かですが，費用の性格からすると，その増額・引上げが最も難しいのは1号保険料であると思われます。

　前述のとおり，2号保険料は，保険者によって上げ幅が異なりますし，また，健康保険に上乗せされる場合は料率で表示され，国保に上乗せされる場合は複数の算定方式がありますので，その引上げは全国的な話題になりにくいのですが，1号保険料の場合は，実額をもって表示されますから，その引上げ幅が仮に年金額の増額幅と同じであっても，常に"引上げ"と

とらえられてしまいます。また，全国統一の算定方式によって全国一斉に行われますので，国民の関心も集まりやすく，被保険者住民も周辺市町村の保険料水準と比較してその高低を論じがちです。その結果，1号保険料は，給付との相対的な関係からは独立して，その絶対的な水準——保険料額をいかに抑えるかが，大きな政治的争点となってしまいます。

また，1号保険料の大部分は老齢基礎年金から天引きされますので，そ

表2-1 保険料基準額（全国平均）と分布状況（保険者数）

		第1期	第2期	第3期	第4期
保険料基準額（全国平均）（伸び率）		2911円	3293円（+13.1%）	4090円（+24.2%）	4160円（+1.7%）
分布状況（保険者数）	1500円超〜2000円以下	85（2.9%）	18（0.7%）	0（0.0%）	0（0.0%）
	2000円超〜2500円以下	617（21.3%）	263（9.5%）	14（0.8%）	5（0.3%）
	2500円超〜3000円以下	1422（49.1%）	906（32.8%）	114（6.8%）	53（3.3%）
	3000円超〜3500円以下	673（23.2%）	842（30.5%）	315（18.8%）	217（13.3%）
	3500円超〜4000円以下	97（3.4%）	536（19.4%）	607（36.2%）	559（34.3%）
	4000円超〜4500円以下	1（0.0%）	142（5.1%）	397（23.6%）	504（31.0%）
	4500円超〜5000円以下	0（0.0%）	46（1.7%）	177（10.5%）	230（14.1%）
	5000円超〜5500円以下	0（0.0%）	6（0.2%）	39（2.3%）	47（2.9%）
	5500円超〜6000円以下	0（0.0%）	3（0.1%）	15（0.9%）	13（0.8%）
	6000円超	0（0.0%）	0（0.0%）	1（0.1%）	0（0.0%）
	合計	2895	2762	1679	1628

出典：『介護保険制度の解説（平成21年5月版）』377頁，社会保険研究所，2009.

の水準も老齢基礎年金の水準と比較して論じられることが多く，政治的には，その点からも1号保険料の引上げは大きな制約を受けることとなります。実際には，老齢厚生年金を受給している方などは，20〜30万円の年金を受給している例も珍しくはないにもかかわらず，老齢基礎年金の月額6万6000円が1号保険料の水準を判断する物差しのようになってしまいました。

その意味で，今後，介護保険が必要な給付費の増加に対応していけるかどうかは，この1号保険料について必要な引上げができるかどうかにかかっていると言えると思われます。必要な保険料の引上げを円滑に行うため，給付水準との関係を被保険者住民に理解してもらう努力が市町村保険者に求められる所以です。

コラム

介護保険は熱気球？

介護保険の主財源である1号保険料は，実額で表示されることから，その引上げは常に負担増とされ，また，大多数の者は老齢基礎年金からの天引きであることから，政治的な意味での保険料の上限は同年金額との比較で論じられ，その水準はあまり高くできないとの認識が一般的です。このように保険料の引上げが容易ではなく，その天井も低いとなれば，増え続ける給付費をいかに抑制するかが介護保険の宿命のようになるでしょう。

介護保険は，積んであった砂袋を落とし続けなければならない熱気球に似ています。介護療養病床の廃止もその砂袋の一つですし，砂袋というより推進力をつけるというほうが正確ですが，被保険者年齢の引下げも同じ効果をもっています。しかし，砂袋はそれほどたくさんありませんから，介護保険という熱気球が落ちないようにするには，1号保険料

の引上げについて,被保険者の理解を得やすくする工夫を考える必要があるのではないでしょうか。

第12章 2号保険料

　介護保険の基本となる財源は1号保険料ですが，2号保険料もそれを支える重要な財源であり，しかも，特異な性格をもっています。

2号保険料を負担する者

　2号保険料を負担する義務のある者，すなわち第2号被保険者は，各市町村に住所を有する40歳以上65歳未満の医療保険加入者です。第1号被保険者が65歳以上の者とされているのに対し，第2号被保険者はなぜ40歳以上65歳未満の者とされ，さらに医療保険加入者という限定がついているのでしょうか。翻れば，第1号被保険者が65歳以上の者とされたのは，そもそもどうしてだったのでしょうか。

　介護保険は当初「高齢者介護保険制度」として構想されました。いうまでもなく，要介護者となるのは高齢者が大部分であり，高齢者の介護をどう支えるかが大きな課題となっていたからです。したがって，制度構想が政府の審議会で議論された当初の案は，被保険者は20歳以上としながら給付対象は65歳以上とするもので，64歳までの者は保険料を負担するだけというものでした。この案については，①64歳までの者が保険料負担のみで給付がないのは保険の原理に反する，②20歳以上では高齢者の介護について切実に感じられず，保険料を未納する者が多いのではないか，③年金天引きが可能な65歳以上の者と異なり，64歳までの者の保険料徴収は確実にできないのではないかといった指摘があり，再検討すること

されたのです。

　その結果，65歳以上の者とそれ未満の者を分け，後者，すなわち第2号被保険者は40歳以上の医療保険加入者とすることになりました。医療保険加入者という要件が付加されたのは，2号保険料を医療保険者が市町村に代わって医療保険料と一体的に徴収して市町村に交付する仕組みとすることにより，その収納を確実にするためでした。第2号被保険者が40歳以上の者とされたのは，当時の老人保健法の保健事業（健康診査等）の対象が40歳以上とされていたとおり，加齢の兆候が出始める年齢と考えられたからです。これと平仄(ひょうそく)を合わせる形で，第2号被保険者は，保険給付の対象とするものの，加齢に伴う疾病（特定疾病）が原因で要介護状態となった場合に限定することとされました。これらの背景には，20歳以上の者を被保険者とした場合，原因の有無にかかわらず，要介護障害者がすべて給付対象となり，障害福祉サービスが介護保険の枠内に抑えられることを危惧する障害当事者の理解が得られないという事情もありました。

2号保険料の設定・徴収方法

　第2号被保険者も，その住所がある市町村介護保険の被保険者であることに変わりはありませんから，要介護状態となったときはその市町村から給付を受けますが，保険料は，その市町村の給付費とは無関係に決められます。すなわち，2号保険料は，第1部で説明したとおり，介護給付費のうち第2号被保険者の分担分（平成21～23年度は30％）の総額を第2号被保険者の総数で割った1人当たり単価を基に，所属する第2号被保険者数に応じて医療保険者に，医療保険者が納付すべき介護納付金として割り振られます。医療保険者は，この介護納付金の額を賄うことができるよう，2号保険料を医療保険料と同様の方法で設定し，医療保険料と一体的に徴収するのです。したがって，健康保険の場合，2号保険料率は健康保険料

の上乗せ料率として設定され，事業主が給料などから天引きし，1/2の事業主負担とともに医療保険者に納付しますし，国保の場合も，同様に国保保険料の上乗せ分として設定され，国保保険料と一体的に徴収されることになります。また，国庫負担も医療給付費に対するのと同様に行われます。医療保険者は徴収した2号保険料を介護納付金として社会保険診療報酬支払基金に納付し，同基金が，前述のとおり，各市町村に一律に交付します。以上のような2号保険料──介護納付金の仕組みは，後期高齢者医療制度の支援金とほぼ同じです。

　第2号被保険者には健康保険のような本人・家族の別はありませんが，2号保険料の徴収は健康保険料と同じ方法で行われますから，2号保険料の納付義務があるのは健康保険の本人だけということになります。いわば，第2号被保険者中の健保家族分は，第2号被保険者中の健保本人が全体でまとめて負担するわけです。したがって，健保本人が65歳以上でその被扶養者である配偶者が65歳未満のような場合は，その者の2号保険料は他の健保本人たる第2号被保険者が負担することになるといった興味深い現象が生じます。

2号保険料の意味

　このような仕組みの2号保険料は，果たして1号保険料と同じ意味で介護保険料と言えるのでしょうか。1号保険料が市町村ごとにその介護保険給付費の水準に応じて設定され，その負担を前提に第1号被保険者に介護保険の受給権が認められるのに対し，全国一律の単価を基に医療保険者ごとに設定され，保険給付の受給権も特定疾病が原因で要介護状態となった第2号被保険者に限られる2号保険料を，1号保険料と同じ意味で介護保険料と言い難いのは事実です。しかも，1号保険料の場合，第1号被保険者が被用者本人であっても事業主負担はなく，全額被保険者負担であるの

に対し，事業主負担や公費負担のある 2 号保険料の場合，被保険者本人の負担は半額で済むことになっています。これについて，"保険給付の受給権が，第 2 号被保険者においては特定疾病が原因の要介護状態に限定されているから"と辻褄(つじつま)合わせの説明がされることがありますが，本来は関係のないことです。また，前述のように第 1 号被保険者には含まれる生活保護受給者が第 2 号被保険者からは除かれるというのも，それ自体合理的ではありません。

以上のような 2 号保険料と 1 号保険料の違いは，すべて 2 号保険料を医療保険者が市町村に代わって徴収する仕組みとしたことから生じています。では，なぜ市町村が自ら徴収せず，医療保険者に徴収してもらうことにしたのでしょうか。

もし，市町村が第 2 号被保険者からも保険料を徴収するとしたら，現在の市町村民税に匹敵する徴収システムを整備しなければなりません。公的年金が収入の中心である 65 歳以上の住民であれば，年金天引きの徴収システムを構築することで対応できましたが，64 歳以下の現役世代の場合，稼得形態がバラバラですし，市町村民税非課税者からも徴収しなければなりませんから，そう簡単にはいかないのです。また，所得捕捉率の違いを考慮すると，反対給付のある保険制度において，住民税の課税状況をベースにした一元的な保険料徴収システムを設けることのリスクもありました。結局のところ，被用者と非被用者を一元的に扱う制度として介護保険を設計するとしても，少なくとも現役世代の保険料徴収に関する限り，両者は別々に扱わざるを得なかったのです。その結果，手近にある既存システムである医療保険の保険料徴収システムを活用することになったわけです。

制度設計上の経緯や理由はそれとして，現にある 2 号保険料はどのような意味をもち，どのような機能を果たしているでしょうか。特定疾病が原因で要介護状態となった場合に限られるとはいえ，保険給付の受給権は認

められるのですから，その限りでは介護保険料としての側面ももっていますが，そのウエイトは大きくありません。とすると2号保険料には，介護保険料としての機能以外に，現役世代が高齢者の介護を支えるという社会的扶養・社会的支援の機能があると考えたほうがよさそうです。そう考えれば，事業主負担があることも，生活保護受給者が含まれないこともある程度は納得できるのではないでしょうか。2号保険料の仕組みが後期高齢者医療制度の医療保険者支援金に似ているのも，当然といえば当然かもしれません。

第13章 介護保険の財政運営

介護保険給付費の財源構成と保険料設定方法について第10章から第12章で述べてきましたが、実際の介護保険の財政運営はどのように行われているのでしょうか。

3年間の財政運営期間

市町村における介護保険の財政運営は、3年単位で行われます。市町村は向こう3年間の要介護者数見込みと介護サービスの利用見通しに基づいて、3年平均の給付費の見込み額を算出し、それに必要な保険料額を算定します。これらは、被保険者住民も参加する介護保険事業計画策定委員会で行われます。したがって、初年度は保険料収入額が給付費の額を上回り、2年度は収支が相償い、3年度は初年度の保険料収入の超過分で補うことによって、3年間を通じた財政のバランスが取れるということになるわけです。

市町村は原則として3年に一度保険料の改定を行うため、必要な条例改正を議会に諮ります。市町村長にしても、議員にしても、介護保険料の改定（多くは引き上げ）は政治的には避けたいところでしょうから、この条例審議はできるかぎり、政治的思惑に影響されないよう行われる必要があります。財政運営期間が3年間とされたのは、できる限り4年に一度の統一地方選挙と重ならないようにしたいという思惑もありました。しかし、全国一斉の保険料設定であることから、全国平均の保険料額や同時に改定さ

れる他市町村の保険料額との比較といった形で，市町村長や国民・マスメディアの関心が保険料水準に集中する傾向を生んだ面もあるように感じます。

見込みどおりとならない場合

　市町村は介護保険事業計画に基づく給付費見込み額と保険料収入見込み額を基に各年度の予算をつくりますが，実際には予算額どおりになるとは限りません。要介護認定を受けてサービスを利用する者が見込みより多かったり，個々の利用者のサービス利用量が予想を超えて増えたりすると，給付費は見込額を上回ってしまいます。また，被保険者数が見込みを下回ったり，保険料の収納率が予定より低かったりすると，保険料収入額が見込額に達しないことも当然あり得ます。給付費が見込みをオーバーする場合，国・都道府県・市町村の負担分については，補正予算を組んででも実際の支出額がカバーされますし，2号保険料を財源とする社会保険診療報酬支払基金の交付金は，同基金が市中の金融機関から借り入れてでも所要額を交付します（借り入れ分は翌々年度の2号保険料に上乗せされます）。ですから，これらの財源については，給付費の額が見込み額と違っても問題はありません。問題は，1号保険料で賄うべき部分の支出が見込額を上回る，または1号保険料収入が見込額を下回って，財政に穴が開く場合です。

財政安定化基金

　市町村国保においては，このような収支差が生じた場合は，市中金融機関や一般会計から借りて凌ぎ，最終的に一般会計の負担で補填することが多かったのですが，その法定外の一般会計負担が増加して市町村財政を圧

迫するようになってきました。市町村が介護保険の保険者となる際に最も心配したのが，このような「国保の二の舞になる」ということでしたから，介護保険特別会計の収支差を一般会計補填で補うことにならないような仕組みが，何としても不可欠だったのです。それが，都道府県ごとに設けられる財政安定化基金でした。

　給付費が見込みを上回ることによる1号保険料の不足分の全額と，1号保険料収入額が見込みを下回ることによる1号保険料の不足分の1/2は同基金から無利子で貸し付けられ，後者の残りの1/2は同基金から交付されることになっており，市町村は，一般会計繰り入れに頼ることなく，介護保険特別会計の決算ができることになっています。給付費が見込みを上回った分は被保険者の受益であることに変わりはなく，1号保険料収入の不足分の一部には市町村の徴収努力によるものもあることから，これらは貸付けによることとし，次期事業計画期間の保険料に上乗せして返済されることとなっています。他方，1号保険料収入の不足分には市町村の責任とは言えないもの（例えば，1号被保険者の転出等による減少）があることから，その1/2は交付により対応することとされたわけです。財政安定化基金は，国・都道府県・市町村の1号保険料でそれぞれ1/3を負担して原資とし，それに貸付分の償還金を加えた財源で運営されています。

市町村による保険料の単独減免

　制度がスタートした際，独自の措置として，低所得者等に対して1号保険料を減免する市町村が出てきました。地方自治の尊重と介護保険の自律性の狭間ともいうべき問題でしたが，①無料（免除）にはしない，②収入だけではなく，資産等も見て総合的に判断する，③不足分を一般会計から補填しない——という三つの条件を満たす場合に限り容認されることとなりました。介護サービスを受給する権利が与えられる以上，保険料の拠出

という貢献がゼロであったり，フローの収入はわずかでも大きな資産を有している者の保険料を軽減したりするのでは，他の被保険者の納得が得られないことから，①②の条件が付されました。③の条件は，このような市町村による保険料減免という単独施策を通じて，一般会計繰り入れの途が開かれるのを封じようとするもので，軽減された保険料は，他の被保険者の保険料に上乗せされるべきであるとの認識を示しています。この③の条件を逸脱することのないよう，この市町村の保険料単独軽減の結果として生じた赤字も，前述の財政安定化基金の貸付けの対象とする扱いとされています。

保険料で支えられる介護保険

　介護保険には1/2の公費財源が入っていますが，それでも保険料で支えられているというところに，介護保険の本質があります。1号保険料の水準が各市町村の給付費水準に対応するものであること，その対応関係を守るために市町村からの一般会計繰り入れが封じられ，介護保険財政の自律性が確保されていることに，それが具体的に現れています。市町村の一般会計繰り入れだけでなく，法定分を超える国・都道府県の公費（国庫）負担に依存しないで介護保険財政の自律性を維持できるかに，介護保険の将来はかかっています。1号保険料の引上げを抑制するために，公費割合を5割以上に拡大すべきとの意見も聞きますが，以上のように1号保険料が介護保険の本質を担う要素であることを考えると，この意見は介護保険の将来を危うくするものと言うほかありません。

第14章 もう一つの介護保険

　前章までで，現在の介護保険の骨格がどのような考え方から成り立っているかを説明してきましたが，最後に，介護保険は本当にこのような構造以外ではありえないのか，少し考えてみましょう。それによって，現在の制度がもつ意味をより正確に理解できると思われるからです。

独立制度の狙い

　ここで独立制度というのは，医療保険とは別の独立した制度という意味ですが，介護保険が，比較的似ていると思われる医療保険から独立した別制度とされたのはなぜなのでしょうか。介護保険を制度化している国をみても，オランダでは長期疾患の医療保険による給付となっていますし，ドイツの介護保険は独立型とはいえ，保険者は医療保険の保険者である疾病金庫が介護金庫を兼ねるという二枚看板方式を採っています。

　わが国の介護保険が医療保険とは別の制度として構想されたのは，専ら政治的判断によるものです。前章までに説明したように，介護保険においては，要介護状態の特性に鑑みると，保険者による要介護認定というプロセスは欠かせませんし，介護サービスの特性を踏まえると，ケアマネジメントや居宅サービスの支給限度額という仕組みがどうしても必要です。しかし，医療保険制度のなかに介護給付に関してとはいえ，これら医療保険には存在しない仕組みを導入することについては，政治的に大きなリスクが予想されました。医療関係者が，介護給付に関するこれらの仕組みが医療給付についても導入されるのではないかと警戒し，反対する可能性が

あったからです。

　他方，老人福祉の措置制度で護られてきた福祉関係者も，医療関係者が主導権を握る医療保険の傘の下に入ることに，大きな危惧の念をもっていました。介護保険によって高齢者介護問題の隘路を突破したい政府にとって，そんな危険な道を選ぶことは到底できなかったのです。また，介護問題の解決に期待と関心を寄せる国民の支持を取りつけるには，まったく新しい制度を創設するというほうが得策だという判断もあったでしょう。

一元化された制度

　医療保険とは別の制度とするといっても，医療保険と同様に，職域・地域の二元体系の制度とすることも考えられないわけではありません。しかし，新たな保険制度を構築するとして，地域住民対象の国民健康保険ならぬ「国民介護保険」と，被用者対象の健康保険ならぬ「介護保険」を二つつくるというのは可能でしょうか。「国民介護保険」は考えられなくもありませんが，被用者対象の「介護保険」のほうは，被用者が何らかの理由で要介護状態になれば，通常は被用者ではなくなり，また，被用者に復帰することもないはずですから，少なくとも短期保険としては成立しそうにありません。そう考えると二元体系の介護保険とは，結局のところ，要介護状態と要医療状態が隣接していることに着目して，医療保険に付加するか，二枚看板で医療保険と重ねるほかないものと考えられます。そして，前述のとおり，それが難しいとなれば，独立型の介護保険は半ば必然的に一元的な制度とせざるを得ないことになるわけです。

　独立型の一元的な制度として介護保険を設計するとなると，高齢者が主な対象であり，高齢者の多くが地域に生活の根拠を置いている以上，地域住民たる高齢者をベースとする地域保険の形式を採ることとなります。国民のなかには被用者でない者も存在する以上，介護保険を一元的な制度と

して実現するには地域保険の方法しかありえないからです。こうして高齢の地域住民をベースとする地域保険として介護保険が構想されることとなり，その後は，市町村を保険者とすることの是非に議論が集中していったことは，第6章で述べたとおりです。

もう一つの介護保険の可能性

　以上述べてきたことからすれば，介護保険は，現在の形を採る以外の選択肢はないように思われるかもしれません。本当に，もう一つの介護保険の可能性はないのでしょうか。

　社会的な制度のあり方を考える場合，人々が自発的に仕組みをつくるとしたらどのような制度を構想するだろうかと考えてみると，役に立つことがあります。もし，自立心に富んだ人々が介護保険のような仕組みを自分たちでつくろうと相談したら，どういう制度ができあがるでしょうか。

　まず，要介護リスクを自分たちのものと考えることができる高齢者自身が地域で助け合いの仕組みをつくろうとすることは，想像できなくはないかもしれません。しかし，不可逆的で交替可能性がないという特性のある要介護状態について助け合うという動機は，要医療状態に備えようという動機ほど強くはありませんし，第一，要介護リスクの高い高齢者グループだけでの保険では，保険料が高くなり過ぎるという問題を避けられないでしょう。となれば，高齢者だけでなく全年齢層に及ぶ人々が拠出し，介護サービスも全年齢層で受給するという仕組みについて，人々が合意するかどうかを考えることになるのではないでしょうか。しかし，前述の要介護状態の特性を踏まえると，その切実性を実感しにくい若年層を含む全年齢層の人々が，それに備える仕組みをつくることに合意すると考えることは，どうも現実的とは言えないように思われます。

　そうすると考えられるのは，要介護状態には要医療状態を経て至ること，

要介護状態と要医療状態は併存する場合が多いことを踏まえ，医療保険とセットで対応することでしょう。私は社会保険を，国がまず保険者を設定する「保険者先行モデル」ではなく，被保険者が自ら保険者を組織する「被保険者先行モデル」で設計すべきだと考えていますが，介護保険を「被保険者先行モデル」によって構成するとすれば，すでに成立している医療保険に付加するという形が「被保険者先行モデル」に最も近いのではないかと思います。逆に言えば，現在の介護保険の制度設計は「保険者先行モデル」なのです。

　介護保険と医療保険をセットにするといっても，要介護認定や支給限度額制度など介護保障に不可欠な仕組みは，「医療・介護保険」のなかの介護給付部門においてきちんと位置づけるべきですし，保険料についても，医療保険料とは別区分にすることも必要でしょう。これらの仕組みは，前述のとおり，当時の健康保険や国民健康保険にそのまま付加することは困難だったわけですが，現行の介護保険においては既に十分確立されたと考えられますので，それを踏まえれば，医療保険に介護給付部門を付加することも難しくはなくなったと思われます。また，それによって財源調達の仕組みが医療保険と完全に同じ条件となりますので，保険料が全国一律方式の実額表示で基礎年金天引きであることから財政制約の強い現行の介護保険に比し，より円滑な財源確保ができるようになると予想されます。

前提となる医療保険体系の再編

　しかし，このような考え方に基づき，医療保険に介護給付部門を付加しようとする場合，現在の医療保険のままではいくつかの不都合が考えられます。高齢者は介護給付の主たる対象となるにもかかわらず，健康保険では被扶養者として保険料を負担しない場合も多いという問題や，退職者が健保から国民健康保険に流入し高齢者の加入割合に大きな不均衡が生じて

いるといった問題です。したがって，医療保険に介護給付部門を付加する場合には，高齢者も被保険者として原則的に保険料を負担するようにするとともに，退職者の国保への流入などによる高齢者の偏在を是正することが前提となるでしょう。現在の後期高齢者医療制度では，これらの課題は達成されていますが，同制度に介護給付部門を付加するだけでは後期高齢者以外の被保険者の要介護状態に対応することができませんし，前期高齢者医療制度は医療保険のなかにおける前期高齢者の偏りの是正を行うのみです。

　とすると，後期高齢者医療制度も含め，現行の医療保険制度を，介護給付部門を付加できる形に見直さなければなりません。それでは，介護給付部門の付加が可能となる医療保険制度は，どのようなものになるでしょうか。高齢者自身もその能力に応じて保険料を負担するとともに，退職者の国保流入による制度間の格差を是正する仕組みを考えるとすれば，現役勤労者を対象につくられている健康保険では，どうしても限界があります。

　今まで被用者（勤労者）グループは，最後の受け皿としての国保制度があることに安住し，退職者を国保に追いやって金の遣り取りだけで済ませてきましたが，それでは本当に責任を果たしたことにはなりません。被用者グループは被用者グループとして，そのOBを支えるべきです。被用者グループのOBは自ら被用者年金（厚生年金・共済年金）からその額に応じて保険料を負担し，現役の被用者も勤労収入に応じて支援する新たな仕組みを設けるべきだと，私は考えています。また，被用者OBが被保険者でなくなることによって財政の脆弱化が予想される国保については，保険者を都道府県単位の組織に広域化することによって，財政基盤の安定化を図ることも，同時に実現すべきでしょう。ここでは，それらの内容は詳述しませんが，私の高齢者医療制度構想（「被用者年金受給者健康保険」）に関心のある方は，拙稿「高齢者医療制度改革をもう一度考える」（日本文化厚生農業協同組合連合会『文化連情報』2009年6〜8月号）をご覧ください。

再び,給付と負担の分離?

　また,以上のような医療保険制度の見直しができたとしても,「医療・介護保険」による介護給付を,原則どおり保険者が行うか,市町村などの地方公共団体に委託して行ってもらうかという問題も検討せざるを得ないでしょう。統一的な要介護認定の必要性や,「医療・介護保険」による介護給付と地域における関連サービスとの連携を考えると,地域保険と被用者保険の保険者が入り乱れている状態で,それぞれの保険者が行うことでよいかという問題があるからです。

　市町村などに委託する方法の場合,かつての老人保健制度と同様,給付と負担が分離する変則的な方式になりますが,医療給付費と比べると費用の歯止めが効く介護給付費の場合は,許容範囲と言えるかもしれません。また,高齢者の加入が保険者間で偏在する問題については「被用者年金受給者健康保険」の創設で対応済みですから,「医療・介護保険」者が介護給付費のための費用を市町村などに拠出する際にも,老人保健制度のような"財政調整"は行われず,自らの加入者の分をそのまま拠出すれば良いので,老人保健拠出金と同じだという批判はあたりません。なお,市町村などへの給付委託方式を採ることによって,現行制度と同じ形での国・地方の負担も可能となります。

　この問題についての評価は読者の皆様に委ねるとして,保険給付と社会サービスの中間的な形となるこの方式は,介護保障の本質に即しているとの受け止め方もあるかもしれません。要介護リスクや要介護状態の特性などを踏まえて,しっかり考えるべき問題だと思います。

　このような形での介護保障の制度化は,市町村ごとに給付水準との関係で保険料水準を決めることができなくなるなど,現在の独立型の介護保険が採っている市町村中心主義からの後退となって,そのメリットが損なわれることは確かです。将来,現行制度の下での介護保険料の引き上げが限

界に達したと市町村がギブアップし——"地域主権"の時代ですから想像したくはありませんが——保険者の任に堪えないと言い出す事態となれば，この"もう一つの介護保険"も俎上に上ってくるかもしれません。

> ### コラム
>
> **被保険者先行モデルと保険者先行モデル**
>
> 　社会保険は国によって公的な制度としてつくられますが，企業や同業組合による共済組織や地域住民による助け合い組織など，それに先行する形態がありました。それらにおいては，メンバーが相談して保険設立契約を結び，それによって設立された保険に加入するというプロセスを想定することができます。いわば，公的な保険制度が存在しないとしたら，人々は病気やけがなどのリスクに対してどう行動しただろうかと考えてみるのです。そのようなでき方をした保険組織を"被保険者先行モデル"の保険と呼びましょう。この場合，メンバー（被保険者）が同意のうえで保険設立契約・保険加入契約を結ぶのですから，保険料負担への納得性は高いと考えられます。
>
> 　これに対し，国が自ら保険者となり，あるいは地方公共団体など他の者を保険者にして，国民に加入させるというプロセスも当然あり得ます。社会保険が，国の社会政策の一環として国の法律により設けられる以上，多くの場合はこの形態を採っています。これを"保険者先行モデル"と名づけましょう。私は，保険料負担への納得を考えると，できる限り"被保険者先行モデル"で保険の制度化を図るべきだと考えています。もちろん，公的保険である以上，法律により"保険者先行モデル"で制度化されることに変わりはありませんが，制度の設計・保険組織のあり方，保険運営の方法において被保険者自治的な制度とすることによって，"被保険者先行モデル"の要素を出すよう努力すべきでしょう。

第3部

介護保険——これまで／
これから，そして今

2000（平成 12）年 4 月にスタートした介護保険は，この 3 月で 10 年が経過し，新しいディケイドに入りました。1998（平成 10）年 1 月，私は当時の厚生省大臣官房審議官（老人保健福祉担当）となり，同時に介護保険制度実施推進本部事務局長を命じられました。前年 12 月に成立したばかりの介護保険法の円滑な実施に向けた諸準備を行う事務方の実質的な責任者となったわけです。法律は通っても，制度の具体的な内容を定める政省令・基準・介護報酬などがなければ，制度はスタートできません。医療保険福祉審議会老人保健福祉部会・介護給付費部会や自民党の社会部会介護問題小委員会などでの審議を並行的にお願いしながら，それらの作業は進められました。介護保険は高齢者介護問題の深刻化を受けて，政府を父に，国民（国民の代表からなる国会）を母として誕生しましたが，私に与えられたミッションは，命を与えられた（成立した）介護保険法を無事に取り上げることでした。私が「介護保険という赤子を取り上げた産婆（助産師）だった」と自称している所以です。

　第 3 部では，自称"介護保険の産婆"が，自ら取り上げた赤子がこの 10 年間でどのように育ったと見ているのか，また，これからの 10 年間，どのように成長していってほしいと思っているのか，加えて当面の問題にどう対応していくべきだと考えているのかについて述べてみたいと思います。

第1章 これまでの10年

　介護保険のこれまでの10年を一言で言えば，サービス利用の拡大により国民の間に定着し，国民生活に不可欠の制度となった一方，社会保障予算の当然増2200億円縮減方針に基づき，国庫負担を抑制するための給付抑制などが進み，介護職員の不足などの課題を残したと言うことができるでしょう。介護保険を批判する論者には，介護保険によってすべての問題が解決できるかのごとく錯覚し，それができない介護保険の限界を指摘する人が多いようですが，それまでの措置制度の下では想像できないほど，主として在宅サービスやグループホームなどの施設系サービスが増え，街中で医療機関を目にするのと同じくらいの身近さでそれらの存在を感じることができるようになったのは，介護保険の大きな達成であり，まずはしっかり評価すべきだと思います。

　そのうえで，次の10年に進むためには，この10年で達成できなかったもの，問題となったことを正確に把握し，その解決の糸口を探ることが重要です。そういう観点から，この10年間の介護保険を振り返ってみましょう。

給付費の1/4の国庫負担の増加を抑制するための給付抑制

　まず，厳しい概算要求基準（社会保障予算当然増△2200億円）の下で，介護給付費国庫負担を抑えるため，介護給付費全体の増加を抑えるための制度改正・介護報酬引き下げ・基準や運用の強化などが行われたことをあげ

なければなりません。2005年の法改正の際，政府は，将来の保険料増を抑制することの必要性を強調して，介護予防の充実・介護給付費の適正化を訴え，多くの国民やマスメディアもそれを支持しましたが，実際は足元の（目の前の）国庫負担の抑制が頭にあったのです。その結果，介護報酬の引き下げによって介護職の勤務条件が悪化し，コムスン事件によるイメージダウンもあって，介護職は魅力の少ない職種とされ，介護人材不足を招いたことはご存じのとおりです。それによって，一部ではサービス内容やサービスレベルの低下も招来し，利用者の不満が高まるといった事態となりました。

保険料抑制のための地方における給付抑制・国庫負担増への傾き

　制度創設時，介護保険は地方分権の試金石と言われましたが，それは，市町村長・議員・職員への分権ではなく，住民が当事者として給付水準・保険料水準の決定に参加する"住民自治"としての分権だったはずです。しかし，実際は，市町村長・議員・職員のみならず，住民・マスメディアも含めて，サービスの給付費と保険料が連動しているという認識が薄く，他市町村との横並びで保険料の高低のみを気にすることになったのではないでしょうか。2009年度の保険料改定では，横並びを意識して，保険料を引き下げた市町村も多かったようです。保険料水準を抑制するには，給付費を抑えればよいわけですから，市町村レベルの運用も厳しくなって，利用者の実情に合わなくなったケースも出てきました。

＊

　保険料引き上げを避けるため，市町村長・議員・職員・住民の多くが国庫負担の増加を求めています。確かに国庫負担の割合を増やせば，保険料の引き上げをそれだけ抑えることができますから，市町村長・議員・職員

は選挙や議会で苦労しなくてすむでしょうし，住民も年金の手取りが減らないのでよかったと思うでしょう。しかし，国庫負担のウエイトが高くなれば，それだけ国の財政面からの制約が強まり，後々，給付費抑制の圧力がさらに強くなることを忘れてはいけません。国の借金が900兆円を超える今日，50％の国庫負担割合が例えば60％になったら，それだけ圧力が強くなることは当然のことです。

　しかも，保険料は介護の給付費にしか使われませんが，国庫負担は介護だけではなく，医療・福祉・年金，さらに少子化対策・教育・産業・公共事業・防衛などの広範な使途のなかで優先順位がつきますから，介護に回る費用が必ず確保されるとは限りません。また，多額の国債残高を抱えている状況からすると，仮に国民の所得が上がって保険料引き上げが容認されるようになっても，国債償還が優先され，国費が介護分野に回ってこないことも十分予想されます。したがって，国庫負担を増やすことは，当座の保険料負担の抑制にはなっても，今後，国の財政抑制の影響が効いてきて給付水準（介護報酬など）の抑制に直結するおそれが極めて大きいのです。国庫負担は，麻薬や覚醒剤のようなものなのです。常用を続ければ，手放せなくなってしまい，いずれ介護保険はガリガリにやせてみすぼらしいものとなってしまうでしょう。

政策的装い（介護予防など）による制度の煩雑化

　介護保険制度が2005年の法改正や累次の介護報酬の改定の結果，著しく複雑化して，一般の市民にはとても理解できないものとなってしまったことも，この10年間の傾向でした。給付費抑制の名目に使われた介護予防にまつわる制度改正は，その代表でしょう。予防給付のダブルメニュー化・介護予防ケアマネジメント・特定高齢者への介護予防事業など，法律の条文はいたずらに増え，たくさんのマニュアルやガイドラインがつくら

れました。また，地域包括支援センターの設置義務化，一律の基準の押しつけなど，市町村の実情に合わなかったり，その業務処理能力を超えたりするような改正もあったように思います。また，介護報酬も，各種加算減算措置の多用や政策誘導的な項目の頻用により繁文縟礼化し，解説書もいつの間にか辞書並みの厚さになってしまいました。それだけの膨大なエネルギーを注ぎ込んで，本当に介護予防やケアの質向上の効果を上げることができたのでしょうか。市町村や介護現場の職員は，国や都道府県から送られてくる文書の理解で手一杯になってしまい，自分で考えて工夫するということが疎かになっているのではないかと心配です。

　どうしてこのような仕儀になってしまったのでしょうか。私が思うに，財源の制約が強いなかで，利用者や現場からのさまざまな要望に，国が制度レベルで生真面目に応えようとしたからではないでしょうか。政策を打っていると国会でも答弁できるように，限られた財源のなかで"きめ細かでメリハリの利いた措置"が講じられるわけです。しかし，"きめ細かでメリハリの利いた措置"というのは，実際は"制度を複雑にした"と同義なのです。もういい加減に，国も地方も，そして現場や利用者も「制度をいじれば現場のサービスを動かせる」という発想から脱却すべきでしょう。介護保険の基本はファイナンスなのですから，国は制度の財源が円滑に確保できるよう最大限の努力を払う一方，サービスに関しては大枠の規制にとどめて現場の工夫に任せるとともに，現場も制度依存とならないようにすることが必要だと思います。

要介護認定制度に関する理解の不徹底

　要介護認定制度については，2009年度の要介護認定基準の見直しを巡る騒動を見ていますと，介護保険の眼目の制度であるにもかかわらず，なかなか理解が進んでいないように思います。要介護認定基準は，介護保険で

提供すべき介護サービスの量を決めるために，あらかじめ区分された要介護者の状態像のどこに当てはまるかを鑑定するための物差しです。それは，在宅サービスの支給限度額や施設サービスの介護報酬を導くための便宜的な物差しにすぎません。いってみれば，「要"介護保険サービス（の程度）"認定」であって，家族介護の手間を測るものではないのです。この点が正確に理解されず，家族が家庭で世話しているすべて（肉体的な負担のみならず，精神的な負担まで含めて）を測って，要介護者を格付けするものであるかのように認識されてしまったことが，要介護認定制度の不幸だったと言うべきでしょう。巨額の財源を注ぎ込むのなら別でしょうが，多様で無定量の家族介護のすべてを介護保険に取り込むことはできません。しかも，本来は別物である心身の重篤度と要介護度（介護の手間のかかり具合）の違いも十分理解されていないことが，混乱に輪をかけることになってしまいました。

　それでは，要介護認定によって当てはめられる「あらかじめ区分された要介護者の状態像」とは何なのでしょうか。「あらかじめ区分された」といっても，べつに神様が決めたような客観的な区分があるわけではなく，施設におけるタイムスタディデータから得られる多くの要介護者を，介護の手間のかかり具合（要介護認定基準時間）によって適宜のグループに分けたものにすぎません。在宅サービスの支給限度額は，それらの区分された要介護者グループの状態像を念頭においてつくられたサービス利用例に，介護報酬を当てはめたものなのです。ですから，本当の問題は，要介護認定基準で区分された要介護者のグループの状態像に合わせたサービスモデルの設定と，それをカバーできる支給限度額なのです。仮に，要介護認定に基づく支給限度額が不十分と考えるのであれば，より適切な支給限度額となるよう，要介護認定基準時間の区分を変更するか，サービス利用例を見直して支給限度額を変更するか，のいずれかでしょう。

＊

　介護の技術・方法は年々進歩していますから，それを反映するための要介護認定基準の定期的な見直しは不可欠です。時間をかけていた昔の方法が改善され，現在ではかける時間が少なくなり，別のケアにより多くの時間をかけるようになっているとすれば，それを適時適切に要介護認定基準に反映させることによって，介護の技術・方法の進歩を全国に広げて行くことが重要なことは明らかでしょう。ただし，基準の見直しにより，要介護度が低くなり，それまで利用していたサービス量を維持できない者がいる場合は，その者への経過措置も同時にルール化すべきです。介護サービスに支えられた要介護者の生活は，要介護認定基準の見直しとは関係なく，介護サービスの利用を前提に継続しているものだからです。また，今回の基準見直しの目的の一つであった調査員や介護認定審査会ごとのバラつき是正は，制度への信頼を確保する意味で不可欠なことでしたが，そのための作業が混乱してしまったことは残念なことでした。

＊

　市町村の要介護認定を受けたということは，介護保険の給付を受ける具体的な権利があることを，保険者である市町村が認めたことを意味します。したがって，要介護認定を受けたにもかかわらず，必要な施設・施設系サービスや十分な在宅サービスが受けられない被保険者の存在を放置することは，許されないことです。ところが，最近は，このような要介護認定をしたことの責任に無自覚な市町村の職員もいるようです。要介護認定を受けた者がいるにもかかわらず，それらのうち多くの者が必要かつ適切な介護サービスを受けていない市町村は，在宅サービスや施設・施設系サービスの確保に全力を尽くさなければなりません。そうしないと，要介護認定を受けたにもかかわらず受給権を行使できないとして，不服申立や訴訟を起こされる可能性もあるでしょう。

政策・現場双方における長期的経営（人材養成）の視点の欠如

　この10年間の介護報酬の改定は，いきなりマイナスが2回続いた後，人材不足という問題が噴出し，3回目にようやくプラス改定が行われるという経過をたどりました。これは，介護保険が短期保険であることから，介護報酬の改定が各財政期間の国庫負担の増額や保険料の引上げの幅を考慮して行われたためですが，サービス事業を経営している者にとっては，制度スタート早々，マイナス改定が続いたことは，長期的な経営戦略を立てる環境が用意されなかったと言ってよいでしょう。また，ケアの質の向上に重要な意味をもつ職員のスキルアップのためには職場への人材の長期定着が不可欠ですが，経営者は，そのために必要な人材養成の長期戦略を立てる暇もなかったのではないでしょうか。

　介護保険が短期保険であるということと長期的な経営・人材養成戦略が重要であることとは，本来，両立しがたいものです。だからといって，両者の関係がこのままで良いとは言えません。この10年の介護報酬改定と経営者の対応を見ていますと，介護報酬改定ルールに関し両者の距離を縮める工夫を考える必要があるように思います。もちろん，経営者も長期的な経営・人材養成戦略の確立に向け，介護報酬改定に振り回されることなく，腰を据えて取り組むことが必要でしょう。

ケアの質向上に向けた歩みの停滞

　制度がスタートした後の重要課題の一つが，ケアの質の向上でした。介護保険は，医療保険と比べると，提供される介護サービスの標準化・科学化が十分できていない段階で，現実の必要性に押されて制度をスタートさせましたので，提供される介護サービスの質の向上は，当初から取り組むべき課題だったのです。制度改正や基準・報酬改定における説明によると，

そのための努力は続けられているようですが，実際には，頻繁な制度改正や複雑化によってかえって，また，人材不足などの影響もあって，現場におけるケアの質向上の努力は停滞しているのではないでしょうか。特に喫緊の課題である認知症に対するケアの質向上に向けた取組みの進み具合が心配です。

　ケアマネジメントの科学化・ケアプランの標準化を進めることは，ケアの質の向上を図る土台となるものです。創設された地域包括支援センターにおいて主任ケアマネジャーによるケアマネジメント支援が導入されましたが，それがケアマネジメントの科学化・ケアプランの標準化につながる道筋を示してほしいものです。また，日本ケアマネジメント学会の成果もそろそろ出てくるのではないでしょうか。

　グループホームは介護保険創設と同時に，個室ユニットケアも介護保険創設直後に導入されたサービスですが，いずれもそれまでの施設・施設系サービスを大きく転換し，ケアの質の向上につなげるものでした。ハード面の整備だけでなく，それを担う職員のスキルも含めて，それらが順調に進んでいるか，気になるところです。

コラム

個室ユニットケア

　2002年から特別養護老人ホームなどの施設ケアに導入された構造設備とその運営に関する方法です。故・外山義教授（京都大学）がスウェーデンにおけるグループホームなどの取組みを参考に，高齢者が自らの個としての尊厳を守りながら集団で生活する方法として提唱されたもので，当時，既に自ら設計されたいくつかの施設で優れた成果が上げられており，それを踏まえ介護保険施設に取り入れられました。

　個室ユニットケアの中心には，まず，純粋のプライベート・ゾーンで

ある「個室」があります。ここには私物も持ち込まれて、その人らしい空間がつくられます。8〜10程度の個室がまとまってユニットを形成し、ユニットごとに食事や団らんをするための共通空間（セミプライベート・ゾーン）が設けられます。このユニットが基本的な生活空間となるわけです。さらに、いくつかのユニットごとに、もう少し広い共通空間がつくられます。ユニットが一つの家族に近いとすると、この空間は家族と社会の中間に位置するセミパブリック・ゾーンと言うことができます。そして、施設居住者と地域住民が一緒に談話や趣味を楽しむことのできるパブリック・ゾーンが設けられ、施設も地域社会に溶け込むことが目指されます。

　このように個室ユニットケアは、人間は「個人」であると同時に、それは「他者とともに在る個人」であるという人間観に立脚しています。人は、「個」ではあるが「孤」ではないという人間理解です。したがって、このような人間観に立つ限り、個室ユニットケアに例外は許されません。生活保護受給者には個室は贅沢であり相部屋で十分だといった考え方などが、成り立つ余地はないのです。個室ユニットケアは、憲法第25条の「健康で文化的な最低限度の生活」を保障すると同時に、憲法第13条の「個人の尊重」の理念にも立脚していると言えるでしょう。

民間中心⇔市町村関与の路線のふらつき

　介護保険の創設に伴う措置制度から契約制度への移行によって、市町村はサービスへの関与から全面撤退した感がありました。2005年の制度改正で地域包括支援センターが制度化されるなど、市町村関与が一部復活したと言えますが、個々の予防給付のケアマネジメントまで基本的に地域包括支援センターの保健師の業務とされるなど、市町村の関与としては個別

的すぎるように感じます。もう一度，民間サービス事業者に委ねる分野と市町村が関与する分野の考え方を整理して，市町村は「被保険者や事業者の後見的な支援」と「契約制度では対応できない緊急的な事態に対応する個別措置」を行うことを明確にすべきではないかと考えます。

家族介護の深刻化

　介護保険創設にもかかわらずと言うべきか，介護保険創設の効果としてと言うべきか，制度スタート後，大都市部を中心として施設入所希望者−待機者の増加が続いています。一方で，認知症介護の難しさもあってか，虐待・介護放棄・介護殺人／心中などの事件報道も目につきます。介護保険サービスは，家族介護のニーズに完全に対応するものではありませんが，できる範囲で，これらの問題に対応していく必要があることは言うまでもありません。例えば，在宅サービスの充実は必要であるにしても，自宅介護の限界に突き当たって施設などへの入所を希望する者が増えている現実を踏まえると，従来のように施設抑制一本やりの方針のままでいいか，給付費の急激な膨張を招かない範囲で必要な施設・施設系サービスの整備を進める必要はないか，検討しなくてはならないでしょう。

　また，急増する在宅の認知症高齢者に対するサービスモデルの開発を早急に行う必要がありますし，家族介護者の負担軽減のためのレスキュー機能＝市町村の措置による緊急入所を制度化することも，検討すべき課題だと思います。さらに，家族介護者への支援を強化するため，手当の支給などではなく，家族介護者の相談・傾聴を専門に行う者の配置などの施策も進めるべきです。

第2章 これからの10年

　今後とも高齢化が進んで要介護者が増加することを考えると，介護保険の給付費は増加傾向が続くと予想されます。給付の効率化を進めることは当然ですが，それでも増加する給付費を賄うためには，その財源をしっかり手当てすること，すなわち必要な国庫負担の枠を確保するとともに，保険料引き上げについて被保険者の理解を得られるようにすることが重要です。これからは，そのための制度改革や仕組みの工夫を行うとともに，認知症ケアや人材養成など，これまでの10年で残された課題や明らかになった問題に取り組むことが求められます。

給付費国庫負担を確保するための税収の確保

　これまでの10年が，国の財政状況から来る国庫負担の制約に根っこのところで規定されてきたことを踏まえると，今後，給付費1/4の国庫負担を確実に確保するためには，国の歳入構造を見直し，必要な財源を確保することが必要です。介護保険が保険制度である以上，被保険者が納得して必要な保険料を負担するのであれば，国や地方も決められたルールで公費負担を付き合うのが本来の姿であるはずですが，巨額の国債発行残高がある国の財政事情の下では，被保険者が保険料負担に納得している場合でも，給付費国庫負担を抑制するために引き続き給付抑制を求められるおそれがあるからです。そうならないためには，概算要求段階での抑制対象から外すことはもちろんですが，もともとは国の税収不足が原因なのですから，

それを確保するための税制改革は不可避でしょう。その場合，社会保障目的を明確にした消費税率の引き上げは，有力な選択肢の一つです。このような制約は地方財政においても同様ですから，地方税収の確保まで視野に入れた対応が必要なことは，言を俟ちません。

必要な給付のための保険料負担についての納得

　保険制度の良さは，給付と負担の関係が明確であることだと言われます。しかし，介護保険において（他の社会保険においても同様ですが），給付と負担について両者がギリギリの対応関係にあるものとして，十分に意識され，議論されてきたでしょうか。市町村長や議員・職員，被保険者・住民，そして政治家やマスメディア・学者までもが，保険料負担に正面から向き合うことなく，国庫（公費）負担の増を訴える傾向が強かったのではないでしょうか。前述のとおり，国庫負担割合の拡大が，結局は介護保険をみすぼらしいものにしてしまうとすれば，まずは保険料を負担し給付を受ける主人公である被保険者に，両者の関係について具体的にしっかりと議論してもらい，ギリギリの決断をしてもらうようにしなければなりません。そのためには，保険料決定過程を透明化するとともに，住民参画／住民決定の徹底を図る必要があります。

＊

　具体的な提案をしましょう。"地域主権"を言うのであれば，その考え方に則り，法改正をして制度上，市町村（保険者）に給付率を9〜7割（利用者負担1〜3割）の範囲内で決定する権限を付与するのです。例えば，現在の9割給付のままであれば，保険料基準額は5000円（金額は例示。以下同じ。）だとして，仮に8割給付にしたら保険料基準額は4000円，利用者負担は2割となり，あるいは7割給付にしたら保険料基準額は3000円，利用者負担は3割となるというわけです。

従来は，9割給付を前提として，サービスの利用状況を踏まえた給付費見通しに応じて保険料水準の多寡を議論の対象としていましたが，この提案は給付率も可変的にして，議論の幅をもっと広げようというものです。もちろん，これは8割給付や7割給付にしてもらいたいという提案ではありません。今までは，メニューは一つしかなくて，添えてある野菜がキャベツかポテトかという程度の違いだったのですが，今後は，松竹梅の三つのメニューを提示できるようにしようという趣旨です。三つのなかからどれを選ぶか，それを考えてもらうことにより，これだけの保険料でこれだけの給付があるということを具体的にイメージしてもらうことが眼目なのです。

　この提案を制度化するには，いくつかの条件があります。まず，市町村が給付率をどう設定するにせよ，給付費の財源構成は変えないことです。財務当局の立場からは，7割給付の市町村も出てきた場合に，8～9割給付の市町村について給付費の7割を上回る部分にも国費を入れるのは不公平だとなるかもしれませんが，国費を含む財源構成の割合は，給付率がどうあれ，どの市町村も同じにするのです。住民自身が自らの負担を保険料と利用者負担の間でどのように配分するか決断をした以上，それは尊重すべきだからです。それから，利用者負担が2～3割の場合の実質負担額を抑えるために，現行の高額介護サービス費制度は基本的に維持するとともに，社会福祉法人の無料低額事業の実施を徹底する必要があります。

　給付率と保険料の選択を多数決に委ねるとすれば，被保険者のなかで要介護認定を受けている者の割合は10～20％くらいしかいませんから，選択の天秤は，負担する者の多い保険料の水準を抑えるほうに傾いてしまうかもしれません。そこで，給付率と保険料の間の選択がバランスよく行われるよう，要介護者またはそれを抱える被保険者とそれら以外の被保険者が1/2ずつで構成する介護保険運営委員会を設け，そこで当事者が審議して決めることにします。また，その結論は，市町村長や市町村議会も尊重し

なければならない旨，法律で定めます。介護保険運営委員会は介護保険事業計画委員会を改組して設置し，別に介護サービス協議会を設けることとします。

それでも保険料を上げにくい制度構造

　介護保険は住民税非課税者も被保険者となることから，保険料は，健康保険などのような収入に対する料率での表示はできず，実額で表示するしかありません。その結果，その引き上げ幅が所得水準の上昇とパラレルであっても，必ず負担増と受け取られがちです。さらに，保険料の大部分が老齢基礎年金からの天引きですから，保険料水準も基礎年金額との比較で判断されることが多く，政治的に引き上げが難しいという事情もあります。したがって，介護保険は，保険料という面から常に給付の効率化が求められる宿命にあると言えます。熱気球が上昇するには砂袋を落としていかなければならないように，絶えず給付メニューや給付内容・給付水準の見直しをして，給付費の上昇をできる限り抑えていくことが求められるわけです。民主党政権によって撤回されることになった介護療養病床の廃止もその一環でしたし，今後，医療保険との分野調整による給付メニューの見直しも必要となるでしょう。

　このような観点から，要支援1・2の廃止もしくは市町村事業への移行も議論になるかもしれません。しかし，受給者の範囲を絞ることは，結果として保険料が掛け捨てとなる被保険者の増加を招き，介護保険の基盤を崩すおそれがあることに注意すべきです。要支援者については，予防給付を保険給付としては残したうえで，その内容をある程度定型化することは検討してよいかもしれません。また，一時，財政制度等審議会で議論された要介護度の低い者の給付率を下げるという案も得策とは言えません。家族や本人が，要介護度が高くなることを喜ぶという不自然なことになりか

ねないからです。

　これらの見直しはしたとしても，長期的には保険料の上昇は避けられませんから，低所得者の保険料負担をどうするかを考えておく必要があります。後期高齢者医療制度における保険料の設定方式なども参考に，低所得者の軽減割合を見直すことも検討すべき課題です。ただし，医療保険と異なり，サービスを利用する者としない者がはっきりと分かれてしまう介護保険の場合，高所得者だからといってあまり高い保険料を求めることはできませんし，後期高齢者医療制度における保険料のような極端に低所得者に配慮した措置も難しいと思われます。

負担者の裾野を広げることによる保険料負担の抑制

　将来の保険料負担の上昇を抑制するには，被保険者の対象年齢を40歳から例えば20歳に引き下げて保険料負担の裾野を広げることも有効ですが，2005年の法改正の際には早々に断念されてしまいました。障害者自立支援法とそれが重ね合わされて，障害当事者の反対にあったのが主因でしたが，障害者であっても，医療保険には加入して通常の疾病については医療保険から給付を受け，障害に関する医療は障害者自立支援法による上乗せ給付の対象となっているのですから，介護保険の給付を受けたうえで，それでは足りない障害者福祉サービスを受ける方式を否定する理由はありません。したがって，障害者自立支援法（あるいは「障害者総合福祉サービス法」？）は，介護保険との統合論から"決別"したうえで，介護保険の被保険者年齢を引き下げ，障害者福祉サービスと介護保険サービスとの重複適用（保険優先）を目指すべきであると思います。ただし，現在の介護保険の構造は基本的に高齢者向けですから，年齢引き下げを行う場合，それを前提としたうえで，財源負担割合や対象となる介護サービスの種類・内容などを慎重に検討する必要があります。

> **コラム**

高齢者の介護と障害者の介護

　高齢者の介護と障害者の介護は，どう違うのでしょうか。具体的な介護サービス行為自体に違いはないかもしれませんが，介護サービスがそれぞれの人の人生においてもつ意味には大きな違いがあると思います。また，そのことを踏まえ，介護サービスの制度上の位置づけも変わってくるでしょう。すなわち，高齢者が要介護状態となることは誰にも起こり得ることとして，事前に想像でき，ある程度までそれに備えることも可能です。高齢者の介護サービスを中心に設計された介護保険が"部分保険"であることは，こういった観点からも理解できると思われます。

　これに対し，生まれつきであれ，中途障害であれ，障害をもって要介護状態になることを事前に予想することはできませんし，それに備えることを期待することもできません。そうであれば，要介護状態になった障害者には，その生活ニーズに必要十分なサービスが用意される必要があります。障害者への生活サービスが，介護保険のサービスより広範囲で，かつ，量も多いことは当然のことなのです。高齢者の介護は"送ってきた人生を肯定できるようにするためのもの"であり，障害者の介護は"これからの人生を切り拓くためのもの"であると言えるのではないでしょうか。なお，介護保険と障害福祉サービスとの関係については，拙稿「障害者福祉サービスと介護保険」（茨木尚子・大熊由紀子ほか編著『障害者総合福祉サービス法の展望』ミネルヴァ書房，2009．所収）をご覧ください。

認知症ケアのサービスモデル

　これからの最大の課題の一つである認知症高齢者のケアにおいて重要なことは，介護する家族が感じている負担感が要介護認定に反映されることなどではなく，どのようなサービスが提供されればそれを緩和できるかのサービスモデルを開発することだと思います。認知症高齢者のそれぞれの状態像に見合ったサービスモデルを開発し，それが現在の支給限度額で賄える範囲か否かを検証し，もしそれができないようであれば，要介護認定基準時間の区分を変更して，必要なサービスが受けられる支給限度額の要介護度とする可能性もあるでしょう。

　認知症ケアのサービスモデルは，認知症デイケア／デイサービス，小規模多機能型施設，グループホームのほか，訪問介護などのサービスを組み合わせたものとなるでしょうが，そのための実証的研究が進められる必要があります。また，市町村の借り上げベッドによるレスキュー措置などレスパイトケアの制度化も，認知症ケアの一環として検討されてよいと思います。

施設・施設系サービスのあり方

　自宅介護が限界に達し，施設・施設系サービスへの入所を希望する方が増えているという現実を，無視することはできません。居宅における生活の継続に配慮すべきとは言っても，それが著しく困難な者のサービス受給権を実現することも，要介護認定をした市町村の重要な責務だからです。ところが，都道府県の介護保険事業支援計画における施設整備目標は，特に大都市部の都道府県で達成できていません。

　このような状況があるにもかかわらず，2010年3月の地域包括ケア研究会の報告では，在宅重視の基本路線を維持するとしたうえで，高齢者住宅

も含め，中学校区を基礎とした地域包括ケアシステムの整備が打ち出されています。しかし，政府は，自宅での生活に限界を感じている高齢者単身や高齢者のみ世帯を中心に施設入所希望者が増え，待機者が42万人もいるとされる一方，施設整備計画の目標は達成できていないという現実に，もっと正面から向き合うべきではないでしょうか。要介護状態になっても自宅での生活を続けられるというのは理想ではありますが，だからといって，国が現実に目をつぶってよいことにはなりません。

　従来，施設整備については供給が需要を喚起する（ベッドがあれば必ず要介護者を入れる）として給付費抑制の観点から，市町村介護保険事業計画や都道府県介護保険事業支援計画などで抑制的な方針が採られてきました。この前提には，施設サービスは在宅サービスより給付費が高くつくという発想がありました。しかし，食費やホテルコストを保険給付外としたことで，要介護度の高い者に対する介護保険施設の基礎的な介護サービス費は在宅の支給限度額を下回る場合も出るようになりましたし，要介護者にとって実際に必要な費用は介護サービス費だけではないことからすれば，このような発想に必ずしもこだわるべきではないと思われます。

　もちろん，供給が需要を喚起するという要素は否定できませんから，やみくもに施設を増やすべきではありませんし，施設サービス費が在宅サービス費支給限度額と同じレベルとなるような見直しも必要でしょうが，現下の状況を踏まえると，もっと素直に施設サービスに対する現実のニーズに向き合う姿勢を打ち出すべきではないでしょうか。そのためには，都道府県介護保険事業支援計画の位置づけも見直すべきです。また，大都市部における施設・施設系サービスの整備のために，地域別介護報酬における配慮や呼び水的な整備費補助なども検討する必要があるかもしれません。そういう姿勢を明確に打ち出すことによって，待機者の増加に押されて多床室も容認すべしとする地方自治体の対応を，正面から批判できるのではないでしょうか。

ケアの質向上に向けた取組み

　介護保険におけるケアの質向上は，サービス情報の開示・提供と利用者による選択を前提とした事業者の競争によることが基本です。そのためには，上からの情報公表制度ではなく，利用者団体・NPO等によって利用者の体験などに根差した事業者情報が提供され，それを参考に利用者が事業者を選択することを基本とし，行政はそれを側面から支援することとすべきです。現在の都道府県による形式的な情報公表制度は，思い切って見直す必要があると思います。

　大量の個別ケースを適切に処理する仕組みとしてケアマネジメントが制度化された以上，それができる限り標準化されて，どのケアマネジャーに頼んでも大きな違いはないようにしなければなりません。日本ケアマネジメント学会などの努力にも期待したいところですが，その前提としてケアプラン・データ（サービス利用）と要介護認定の1次判定データを突き合わせ，分析できるようにできないものでしょうか。1次判定データ（分単位の要介護認定基準時間）とケアプラン・データが結ばれることによって，どのようなケアプランであれば要介護度の悪化を長期間にわたって防げるか，といった具体的なデータを得ることができるようになるからです。

　ケアの質は，結局はそれを担う人材にかかわってきます。施設長資格の制度化などサービス提供従事者の専門性を確立するための仕組みも重要ですが，介護のスキルは現場経験の積み重ねに負うことが大きいことを考えると，まずは介護職員が長期にわたって在職できる環境をつくることが大切です。そのためには勤務条件を改善できるような介護報酬の確保が第一ですが，それに加え，各事業所において現任訓練や研修の充実・キャリアパスの明確化を図るなどの努力が行われなければ，介護報酬引き上げとそれに伴う保険料引き上げについて，被保険者の理解を得ることは難しいでしょう。

個室ユニットケアとグループホームにおけるケアの質確保のための努力も，引き続き行う必要があります。画期的だったハード面の改革も，ケアのスキルが伴わないのでは宝の持ち腐れとなってしまうからです。

長期的な事業経営のあり方

　介護保険のサービス事業者が介護保険から得られる収入は，要介護認定者数×介護報酬単価（在宅支給限度額・施設定額包括報酬）で総枠が決まり，各サービス事業者はその総枠のなかでパイの取り合いをすることになります。医療費の場合は，患者の総数や診療報酬の枠が決まっているわけではなく，また，自然増という経営上の弾力性もありますが，介護サービス事業の場合，それだけ，要介護認定や介護報酬という制度に規定される要素が大きいわけです。しかも，介護保険が短期の財政運営を基本とする制度である以上，介護報酬の改定は，前述のとおり，それに左右されることになりますから，事業者は，市場の総枠が決められていて，かつ，介護報酬が上がるか下がるかわからないという見通しの立たない状況に置かれていることになります。

　制度がスタートして初めての介護報酬改定はマイナスでしたから，事業者は次回もマイナス改定になるおそれがあると考え，黒字分を将来に備えて内部留保に回し，かえって2回目のマイナス幅を大きくしてしまいました。これでは，良い人材を育てるために長期的な経営戦略を立てたくともできないでしょう。この隘路を打開するには，介護報酬の改定についてある程度の方向が予測できるようなルールをつくっていくほかありません。

　例えば，サービス事業ごとのマクロの適正利潤率と適正人件費率を指標とする，介護報酬の改定ルールを考えてみてはどうでしょうか。あらかじめ，マクロの収支差率がα％以下で，マクロの人件費率がβ％以上であれば，プラス改定とするという改定のベクトルだけでも決めておくようにす

るのです。この指標がミクロの経営においても参照されれば，適正利潤率と適正人件費率に向けて事業者を誘導することができるかもしれません。それぞれの率の適正さが被保険者においても共通の理解となれば，介護報酬改定に伴う保険料引上げにも納得が得られやすいのではないかと思います。

　介護サービス事業を経営する企業や社会福祉法人などは，医療法人のように行える収益事業が限定されていませんので，多角的な経営によって介護保険以外の収入を確保する余地があります。バランスの取れた事業規模の拡大と関連事業の経営によって，介護報酬や制度改正に影響を受けすぎない事業経営を目指すことも重要です。

民間中心の制度における市町村の役割

　市町村は保険者・一般行政主体として被保険者の後方支援・事業者の後見的役割を担うものと考えれば，現在の地域包括支援センターの業務は，再編成される必要があると思います。すなわち，地域包括支援センターは，サービス情報提供・ケアマネジャーへの支援・虐待／限界家族への対応・苦情対応総合相談などに特化し，介護予防ケアマネジメントも含め個別サービスの提供は，基本的に民間事業者へ委ねるのです。具体的には，地域包括支援センターにおける介護予防ケアマネジメントを廃止して，「予防支援専門員（予防に関する講習を受けた介護支援専門員）」による介護予防ケアマネジメントとし，地域包括支援センターの保健師は，主任ケアマネジャーと同様の，「予防支援専門員」に対する支援・相談などの後見的役割に特化することが適当でしょう。

　併せて市町村の福祉的業務に関する制度的裏づけを強化することも，検討される必要があるように思います。前述の市町村による措置制度の活用による緊急ベッドの確保について，老人福祉法の規定を明確化するとともに，必要な費用の補助を制度化することなどが検討されるべきです。

第3章 当面の問題・最近の議論

　これからの10年に向けた取組みについては，以上述べてきたとおりですが，政権交代もあって，次期の介護保険改正に向けての議論も盛んになっています。また，10年が経過したこともあってか，介護保険の理念を忘れたような議論も出てきました。最後に，これらについて触れておきたいと思います。

介護労働者の賃金引上げ（民主党2009マニフェスト）

　民主党の2009年衆院選マニフェストには，"介護労働者の賃金を月額4万円引き上げる"ことが謳ってあります。これは，2009年度補正予算の交付金で採られたような介護事業者に外づけで全額国費による費用を交付して賃金を上げさせる手法を，再度講じることを意味するのでしょうか。それは，2012年度の介護報酬改定前に行うというのでしょうか。所要財源は8000億円程度とされていますが，この厳しい財政状況で8000億円もの国費を予算計上できると考えているのでしょうか。

　2011年度予算では子ども手当の支給額引上げ，基礎年金の1/2国庫負担の安定財源確保のため，5兆円を大きく超える巨額の国庫負担が必要です。仮に，それが実現できたとしても，むしろ，それゆえに2012年度以降，国の財政制約はさらに強まることが予想されます。2012年度の介護報酬改定で4万円の賃金引上げを飲み込むとした場合，保険料・公費ともに大幅な増額となることは確実です。あるいは2009年度補正予算と同じ全額国

庫負担による措置を 2012 年度においても講じるとしても，果たしてそれが可能な経済財政状況なのか，私の想像の域を超えています。また，どのような方法であれ，国庫負担による措置を続けると事実上国費中心の制度へと逆行し，後々の給付抑制を招くことは前述したとおりです。そもそも，2009 年度補正予算で採られたような，介護報酬引上げを利用者負担や保険料に反映させない方法は，「上手な料理人の美味しい料理は食べるが，その分の代金は払わない」というのと同様，介護労働の価値を消費者（利用者・被保険者）が認めないことを意味するのではないでしょうか。介護労働者にとっては失礼な話と言うべきです。

療養病床削減計画凍結・必要な病床数確保（民主党 2009 マニフェスト）

　前述の民主党マニフェストには，"療養病床削減計画を凍結し，必要な病床数を確保する"とも書いてあります。民主党政権は，すでに介護保険法上プログラム化されている介護療養病床制度の廃止について，同法を改正してその方針を凍結するようですが，医療療養病床の削減はどうするつもりなのでしょうか。

　療養病床は介護保険と医療保険の両方にまたがって，大変わかりにくい制度になっています。これは歴史的経緯によるものですが，療養病床は医療機関ですから，医療保険のサービス機関として位置づけるほうがすっきりしています。また，前述のとおり，保険料抑制圧力の強い介護保険財政の長期安定のためには，介護療養病床の廃止は避けられないものだと思います。しかも，介護療養病床廃止を前提に介護保険事業計画を組んでいる市町村では，その凍結によって，2012 年度以降の保険料に上ブレが生じてしまいます。また，マニフェストでは介護サービス量の不足には療養病床，グループホーム等の確保により対応するとしていますが，それをどのよう

な方法で進め，それに伴う財政見通しはどうなるのかは明らかにはされていません。特別養護老人ホーム・老人保健施設，ケア付き住宅なども含めた施設・施設系サービスの整備のあり方について，財政影響も視野に入れた方針が示される必要があると思います。

2012年度の介護報酬・保険料改定

　以上のとおり，2012年度の介護報酬改定は厳しいものになると予想されますが，その背景には，国の財政制約のほか，保険料の大幅引上げが避けられないという事情があります。すなわち，高齢化やサービス利用の進展に伴い当然必要となる保険料上昇に加え，2008年度・2009年度補正予算による介護人材確保のための外づけ介護報酬分も吸収するとなると，保険料引上げ幅は相当に大きくなり，その面からも介護報酬改定は抑制的になるおそれがあるからです。また，介護療養病床廃止の凍結に伴う保険料への影響も無視できませんし，2009年度の保険料改定の際，給付引締めにより増加した基金を使って保険料を引き下げた市町村においては，引上げへの抵抗感が一層大きいでしょう。

　これらをどう乗り切るか，本当はしっかり被保険者に説明したうえで必要な保険料引上げについて納得してもらうべきですが，国が国庫負担で講じた措置のツケをそのまま被保険者にもってくるというのでは，簡単に納得してもらうことは難しいかもしれません。しかも，政治的には保険料引上げ幅を小さくせざるを得ないとすれば，福祉的・行政経費的部分に投入されている保険料を公費に置き換え，保険料の引上げ幅を抑えることを検討せざるを得ないのではないでしょうか。具体的には，施設の低所得者向け補足給付費や高額介護サービス費の低所得者向け上乗せ分のような福祉的経費，および地域支援事業のような行政的経費に含まれている保険料分を，公費に転換するのです。もともと，これらの経費は，均しく被保険者

の給付に充てられるべき保険料の使途としては問題がありました。それを止めて公費負担とすることは，保険料の使途の純化を図るものと言うことができます。その結果，介護保険制度本来の給付費に占める公費割合は1/2を維持できるものの，全体の公費割合は1/2を超えることになりますが，これは介護保険の制度全体としては許容範囲内だと思います。

地域包括ケアシステムの確立

　厚生労働省は，次の法改正において地域包括ケアシステムの確立を目指そうと考えているようです。地域包括支援センターをつくった際の地域包括ケアの考え方と最近のそれには若干の相違があるようですが，地域におけるさまざまなサービス事業者・関係者・住民などの連携によって地域の介護が支えられるという基本発想は，大きく変わらないものと理解しておきましょう。

　2010年3月にまとめられた「地域包括ケア研究会報告書」は，2025年の地域包括ケアシステムの姿として，「おおむね30分以内（日常生活圏域）に生活上の安全・安心・健康を確保するための多様なサービスを24時間365日を通じて利用しながら，病院等に依存せずに住み慣れた地域での生活を継続することが可能となっている」地域社会を描き出し，そのために，2012年度の診療報酬・介護報酬同時改定にあたって，国としての基本政策を明示するとしています。しかし，市町村の独自事業，自治会やNPO法人などの住民活動まで含めて描き出された，このような地域社会を国はどのような手法で実現しようというのでしょうか。私は，そのあまりにも強い"設計主義"的発想に，驚かずにはいられません。世の中では"地域主権"という変な言葉まで登場して，地方分権・住民自治が強調されているのに，ここにみられる研究会の「上から目線」は，何かの古文書でも見るようです。あるべき姿を国が描くのは勝手ですが，それを国の制度をいじ

ることによって実現できるという発想は採るべきではないと思います。

　地域包括ケアシステムの基本は，地域の事業者・関係者・住民などがそれぞれの地域の実情に合わせてつくりあげる人的ネットワークであるはずです。そのような人と人との信頼関係に基づくネットワークを制度によって実現しようとすることには，無理があるのではないでしょうか。できることと言えばせいぜい，市町村に地域サービス協議会といった形で，介護サービス事業者，福祉・医療事業者，住民組織，NPO法人などが連携協力し，地域におけるサービスのあり方について協議する場を設けるくらいのことです。もちろん，そういう協議会を設けさえすればよいということではありません。大切なことは，事業者に，自らの事業についての経営責任のみならず，地域のサービスに"面的な責任"をもつという心構えをもってもらうことだと思います。それを進めるためには，事業者や住民による協議会に地域の介護保険サービス計画策定の権限を付与することも考えられます。事業者と住民が責任をもって地域の介護サービス体制のあり方を議論することを通じて初めて，当事者による，それぞれの地域の地域包括ケアシステムのイメージが形成されていくのではないでしょうか。

　逆に言えば，国は地域包括ケアシステムのための特別の介護報酬・診療報酬や基準を設定するべきではないということです。むしろ，国には，今までの制度改正で複雑になった介護保険の装備を軽くすることを求めたいと思います。国は，制度をいじることによって現場を変えようなどと考えるべきではないのです。国がサービスのあり方に関してできることは，現場の先駆的な取組みを収集し，紹介することくらいでしょう。国は，制度の財政基盤を安定させるという役割に徹するべきであると思います。それが，地方の時代における国と地方のあるべき役割分担なのではないでしょうか。

> コラム

介護保険における国と地方

　介護保険は，2000年4月という制度のスタート時期が地方分権推進一括法の施行と同時であったこともあり，地方分権の試金石と言われました。しかし，保険料設定に関する部分はともかく，事業者に関する基準や介護報酬などの給付面では国が多くの内容を定めており，それほど地方分権的とは言えません。そうなっているのは，全国民が負担した税金や全国の第2号被保険者が納めた2号保険料が，介護保険給付費の一部として全国の市町村に一律に交付されることになっているからです。

　仮に，第1号被保険者の所得水準が高く一般財源も潤沢な市町村が，独自に要介護度別の支給限度額を高く設定したり，介護報酬の額を引き上げたりできるとしましょう。そうすると，そうでない市町村の住民や第2号被保険者が負担した税金・2号保険料が，そういう豊かな市町村により多く回ることになってしまいます。特に，2号保険料の場合，全国一律の単価に基づき設定されるものの，保険給付の対価という性格は失っていませんから，第2号被保険者の不公平感は否定できないと思われます。こういう財源構造から給付面は不可避的に"中央集権"的になっていますが，それでは介護保険が地方分権の試金石と言われたのはウソだったのでしょうか。そうではありません。

　制度創設時は，介護保険の保険者を引き受けること自体，地方自治の担い手としての市町村の鼎の軽重が問われることでしたが，制度創設後は，介護保険の余白・白地の部分にどういう絵を描くかも市町村の腕の見せどころと考えられました。事業者の誘致などのサービス体制の整備，要介護者を増やさないための取組み，介護保険サービスでは対応できない地域ニーズへの対応，高齢者や家族の苦情相談への対応，虐待や孤立への取組み，サービス事業者，特にケアマネジャーへの指導や支援

> などがそういう部分でした。しかし，介護保険はその後の改正で，こういう余白や白地部分にどんどん色を塗ってしまったように思います。
> 　地方自治と介護保険の関係を考えるとき，制度の余白や白地をいかに残すか，あるいは広げるかという，従来の制度改正とは逆の発想が必要になるのではないでしょうか。

公費負担割合引上げ論

　最近，市民団体・女性団体などのなかから，介護職員の処遇改善などを求める一方，それが保険料引上げにつながらないよう，公費負担割合を現在の5割から6割に引き上げるべきだという主張がなされています。厳しい財政事情のなか，これまで公費（国庫）負担の増加を抑えるために介護報酬の抑制・給付範囲の縮小などが行われてきたことは，すでに何度もふれました。財政事情が好転しない限り，この公費（国庫）負担の給付抑制機能は変わらないと思われます。とすれば，公費負担割合を5割からさらに6割にまで引き上げることは，この給付抑制効果を一層大きくすることにほかなりません。介護保険をさらにみすぼらしくすることは確実です。また，保険料引上げを忌避しての公費負担割合引上げである以上，6割で止まるという保証もありません。給付費の増加に合わせて7割，8割さらに9割までとなるでしょう。そうなっても保険と言えるでしょうか。利用者負担の応能負担化，給付量に対する予算統制の強化が行われ，普遍的給付とは言えなくなるかもしれません。措置制度への逆戻りとなるおそれもあると思います。

　そう考えれば，介護保険の給付費全般に対する一律の公費負担は，基礎年金と同様，5割が限度であると考えるべきです。それを超える公費負担は，低所得者等に的を絞るなど福祉的観点に立ったものとするほかないでしょう。前述の補足給付費等の財源を公費負担に置き換えるという提案

は，そのような考え方に基づくものでした。当面の保険料引上げ幅を抑制するために，どうしても何らかの方策を講じなければならないとしたら，それが介護保険の保険としての筋を守りつつ可能な方法として考えられる唯一の方法だと思います。

要介護認定・支給限度額廃止論

　要介護認定・支給限度額廃止論が，最近，利用者の団体や一部の学者から唱えられ始めたことは，介護保険の本質がこれほどまでに理解されていないのかと，私にとっては大きな衝撃でした。論者は，要介護認定を廃止して，ケアマネジャーの判断でケアプランをつくらせ，それを給付内容として認めればよいと本当に考えているのでしょうか。もし，その意見が，ケアプランの作成が現行制度と同様に保険給付であり，利用者はケアマネジャーを選べるとの前提に立っているとすれば，利用者はより多くのサービスを組み込んだケアプランを作成するケアマネジャーを選択するでしょう。たとえ，選んだケアマネジャーが合理的なケアプランをつくったとしても，利用者がより多くのサービスをほしいと思えば，ケアマネジャーを変え，注文どおりのケアプランをつくらせるに違いありません。その結果，1割負担を気にせずにすむ高所得者が，皆の財源を使って，より多くのサービスを利用するということになってしまうのです。介護サービスの"階層消費"が介護保険制度内でも生じることになってしまいます。

　身体に侵襲し苦痛を与えることもある医療サービスと違って，介護サービスは便利で快適なサービスですから，このような過剰サービスを阻止することは難しいのです。しかし，それでは保険者である市町村も，保険料を負担する被保険者も到底納得できないでしょう。もし論者が，要介護者は"青天井"で介護保険サービスを利用できるようにすべきであると本気で主張しているとしたら，介護保険が国民の保険料で賄われているという

基本を噛みしめていただきたいものです。

　そうではなく，論者は，ケアプラン作成を現行のような保険給付とはせずに，保険者業務とするつもりかもしれません。その場合，ケアマネジャーは市町村の業務としてケアプランを作成することになります。しかし，市町村は前述のような過大なサービス利用となっては困りますから，ケアマネジャーに全権委任することはできないでしょう。具体的なケアプランについて利用上限などを定めて給付抑制を図ろうとするかもしれません。そういう意味では，全国統一基準に基づく要介護認定は，実際は，保険者に恣意的な認定による給付抑制をさせないという機能を果たしているのです。また，その場合，利用者は市町村が指定したケアマネジャーのつくるケアプランの内容に拘束されることとなり，介護保険が約束した利用者本位は吹っ飛んでしまうに違いありません。まさに措置が復活するのです。保険者業務とすることで保険者の恣意的運用を招き，判定プロセスがブラックボックス化するおそれがあることを考えれば，オープンな現在の仕組みのほうがよほど優れているのではないでしょうか。

　要介護認定廃止論者は，医療保険では「要医療認定」などはなく，すべて医師の判断に委ねているではないかと主張するかもしれません。しかし，これは医療と介護の違いを無視した議論というべきです。医療については，長い医学の歴史を通じ，それぞれの傷病に対する治療法が一応は客観的に確立していると言うことができますし，それを前提に医学教育と医師免許制が動いています。これに対し，介護については，まだその学問的基礎づけも客観的体系化も未確立であり，それに対応して介護に関する教育も従事者の国家資格化も不十分です。医療保険において「要医療認定」の制度がなく，いわば医師の判断に全権を委任しているのは，そのような医療・医学の性格を踏まえてのことなのです。

　本来，保険において給付を行うかどうかは，民間保険・社会保険を問わず，保険者が確認・判断すべき事柄です。ですから，医療保険においても，

アメリカの民間保険会社がそうしているように，保険から給付するかどうかを保険者が厳密にチェックすることはおかしいことではありません。しかし，保険者が医師を雇うなりして，要医療かどうか，どのような治療を行うかの判断をするとした場合，その医師の判断と実際の治療にあたる主治医の判断が食い違ったら，どうなるでしょうか。また，緊急時の判断はどちらの医師が行うことになるのでしょうか。このような現実的な問題を踏まえて，医療保険では保険としては例外的に，「要医療認定」を医師に全権委任しているものと考えられます。とすると，問題は，ケアマネジャーとその技術は果たして市町村が医療保険における医師のように全権委任に値するかということになるでしょう。しかし，残念ながら，現時点ではケアマネジャーの技術が全権委任に値するとは言えそうもありません。

　保険料の対価として介護サービスが提供される以上，その基礎となるケアプランは，どの保険者であっても同等のものとなるようにできる限り標準化される必要がありますが，それさえも十分行われてはいないのです。個々の要介護者の個別性に対応する必要があることはもちろんですが，それも一定の標準化が行われたうえでの話でしょう。限定された弱者に対する福祉の制度であれば格別，大量の受給者を対象とする保険制度においては，一定の標準化は不可欠なのです。

＊

　支給限度額廃止論は要介護認定廃止論の延長にありますから，基本的には以上述べたところに尽きますが，独自の問題として一つだけコメントしておけば，要介護5の支給限度額の問題があります。要介護4までですと，さらに上のランクがありますから，支給限度額の問題は要介護認定基準の問題と言ってよいのですが，要介護5の場合，要介護認定基準時間が極めて長い人まで，その支給限度額とされてしまうからです。そういう人に対する介護サービスの量についても，"割り切り"というだけで済ますことは適当ではありません。しかし，要介護度のランクを例えば要介護10まで

に拡大すると，前述のとおり過大給付を招くおそれがありますし，また，それによってすべてのケースに対応できるとも限らないと考えられます。とすれば，要介護5でも限度額を超えてサービスを利用している人は実際には5％程度に過ぎないということですから，それが具体的にどのようなケースかを分析して対応策を考えるほうが現実的でしょう。

　私の推測ですが，そういうケースは医療的なサービスのニーズが高い者であると思われます。であれば，介護サービスのなかで在宅の医療的ニーズに応えるサービスである訪問看護を医療保険に移して，医療保険の訪問看護と一体的に利用できるようにするとともに，その分，支給限度額の隙間を拡げることとしてはどうでしょうか。幸い，医療保険の高額療養費と介護保険の高額介護サービス費の合算制度もできましたから，利用者負担の増加にも対応できるものと思います。

利用者応能負担論

　おそらく福祉の思想になじんだ方だと思いますが，介護保険の1割負担を応能負担にすべきだという意見も，最近，耳にすることがあります。障害者自立支援法の定率負担が否定され，応能負担に変更されることから，介護保険の利用者負担も同じようにすべきだという発想かもしれません。

　これも，介護保険が「保険」であることを忘れた議論と言うべきでしょう。障害者福祉サービスのように公費財源の場合，受給者の負担能力を考慮することに合理性はありますが，保険制度でもそれをしたら，保険料と保険給付の両方が負担能力に応じたものとなって，実質的に累進的な負担関係となってしまいます。それでは，特に高額の保険料負担者の納得を得ることが難しくなり，強制加入が揺らいでしまうに違いありません。負担能力に応じた保険料制を採る保険制度はその分，保険料拠出の納得性が弱いだけに，給付設計においては細心の注意が必要なのです。

これに関連し，介護保険に1/2の公費が投入されていることに着目して，それを理由に利用者負担を応能制にするという理屈は成り立つでしょうか。介護保険の公費負担は，高齢者の相互扶助を社会全体で支援するという観点から一律に行われるもので，低所得者に対する福祉的な観点からのものではありませんから，その理屈は成り立ちません。もし，公費財源によって応能的な利用者負担を実現するのであれば，その公費負担は福祉的観点からのものに変質し，高所得の高齢者に対して福祉的配慮は必要ないとの理由から，それらの者には公費負担は行われず，その給付率は保険料部分に見合う5割となってしまうでしょう。しかし，現行制度の平等な給付からこのような制度への移行に賛成する人がいるでしょうか。社会的支援の考え方に立つ現在の一律の公費負担を維持し，低所得者への対応は，現在の高額介護サービス費に加え，社会福祉法人による無料低額事業の拡充強化により行うのが筋だろうと思われます。

特養ホーム多床室容認論

　前述のとおり，介護保険スタート直後に導入された特別養護老人ホームの個室ユニットケアは，日本における施設ケアの考え方を根本から転換するものでしたが，それが今，危機に瀕しています。特養ホームの個室化は長年多くの有識者などから求められてきた懸案でしたが，措置制度の時代には実現することができませんでした。2001年にそれを実現する方向に転換できたのは，介護保険という新しい舞台が整えられたことに加え，故・外山義教授（京都大学）の深い人間理解に基づく理論と実証研究が広く世に出たことによります。多床室の入所者と比較して，個室ユニットケアの入居者がいかに自分らしさと家族との絆を取り戻しているか，先生の調査研究の結果は極めて説得力に富んだものでした。
　ところが，10年目にして個室ユニットケアに対する揺り戻しがいくつか

の地方自治体を中心に起きてきました。わが国の福祉水準もようやく福祉先進国の背中が見えるところまで来たのに，これでは福祉後進国に逆戻りです。残念至極としか言いようがありません。もっとも悲しいのは，それらの動きが介護保険や高齢者福祉を支えるべき足元から出ていることです。

　第一の問題は，当の特養ホーム関係者の一部や特養ホーム関係者の団体が「多床室でも良いケアを実践している施設がある」として，個室ユニットケアに限定する必要はないと，一部の地方自治体の意見に同調していることです。特養ホーム経営者などの組織の代表であった国会議員も，厚生労働委員会でその趣旨の質問をしています。しかし，これは論理のすり替えではないでしょうか。多床室でも優れたケアを実践している施設は，個室ユニットケアになれば，さらに優れたケアを行うことができるに違いないからです。また，そういう人のなかには，高齢者は多床室のほうが寂しくなくてよいと言う人もいます。しかし，排泄の介助を受けるときでも，高齢者は寂しいから多床室がよいと言うのでしょうか。人の尊厳の根源にかかわる排泄の介助はプライバシーが守られる個室でしてもらい，寂しくなったらすぐ前にあるリビングで過ごすというのがあるべき姿だと思います。

　このようなレベルの認識しかもたない施設経営者には，ケアの質の向上を語る資格はありません。彼らが「高齢者を入れてやっている」という措置制度時代の発想から今に至るも抜け出せていないことを示すものだと思います。ケアの現場を担っている特養ホーム関係者には，個室ユニットケアこそがこれからの特養ホームのあるべき形だという姿勢を示してほしかったのですが，これでは今後，特養ホームがケアの王道を歩むことは期待できないでしょう。特養ホーム経営への民間参入が叫ばれている今日，個室ユニットケアを推進するという民間企業が出てきたら，多床室容認の社会福祉法人は低レベルのケアを行うとのレッテルが張られるに違いあり

ません。

　第二の問題は地方自治体にあります。最近の揺り戻しの震源地は，関東地区の都県市でしたが，その言い分は，特養ホームの待機者が多いにもかかわらず，より多くのスペースを要する個室ユニットケアでは整備が進まない，個室ユニットケアでは利用者負担が高く，低所得者が入居できないというものでした。今までサービスの基盤整備を怠ってきた都県市が言うのもどうかと思いますが，仮にそういう要素があるにしても，だからといって個室ユニット原則を緩めるという理由にはなりません。これまた論理のすり替えです。

　特養ホームの整備や利用者負担の軽減が必要であれば，そのために地方自治体として独自の工夫をすべきです。現に横浜市は低所得者の負担軽減のための独自事業を行っていますし，かつてはあの老人医療の無料化を実施し，現在は乳幼児医療の無料化を行っているのはそれらの地方自治体ではありませんか。それで足りなければ国に，施設整備の推進や利用者負担の軽減を求めればよいのです。国は当然，それに積極的に応えるべきでしょう。

　それらを棚に上げて，彼らがもちだすのは地方分権という錦の御旗です。地方が多床室でも良いというのなら，国はそれを認めるべきであるというのです。しかし，要介護高齢者が最期までの長い年月を過ごす生活の場が個室であるべきだというのは，かつては知らず，今日では個人の権利の域に達しています。今どきの学生や社員，看護師などの寮を見ても，それは明らかでしょう。

　多床室容認を言う地方自治体の首長や幹部は，自分の子どもに子ども部屋を用意したり，家を離れた子どもにはワンルームのアパートを借りてやったりしてはいないのでしょうか。にもかかわらず，自分の親は多床室に入れようとするのでしょうか。あるいは，自身が老後になって，多床室と個室ユニットケアのどちらかを選べるとしたら，迷わず個室ユニットケ

アを選ぶのではないでしょうか。にもかかわらず多床室容認を言う地方自治体関係者は，特養ホーム関係者と同様，措置制度の発想のままと言うべきです。すでに憲法第13条や第25条第1項によって裏打ちされるに至ったこの基本的人権というべき権利が，このような地方自治体の判断によってないがしろにされてよいはずはありません。

　これに対し，「地域主権原理主義者」は，多床室を容認するという地方自治体の判断も，そんな首長や議員を選んだ住民の選択の結果であり，それらを通じて住民は市民として成長するのだと主張するかもしれません。しかし，その主張は，憲法には国民主権の条項があって，代表選出の民主的手続きさえ守られていれば，基本的人権の保障規定は要らないと言うのと同じです。憲法第13条や第25条第1項に個人の権利保障の条項があり，また，憲法第25条第2項には社会福祉の向上増進に関する国の責務が規定されている以上，「地域主権原理主義者」の主張は極めて危険と言うほかありません。

　第三の問題は，個室ユニットケアを推進すべき厚生労働省にあります。2009年度の補正予算に基づき都道府県に設置される介護基盤緊急整備のための基金の使途に関し，個室ユニット型施設以外の施設整備を容認したのが，まず第一の大きなミスでした。さらに，2010年3月に内閣から提出された「地域主権推進一括法案」（衆議院で継続審議）において，保育・介護・福祉施設（グループホームも含む。）の居室定員は「参酌すべき基準」とすることを認めてしまい，多床室容認の動きに竿をさしてしまったのです。その結果，「従うべき基準」である居室面積などと異なり，居室定員は地方自治体の判断に委ねられることになるのです。しかし，居室定員が1人であることと2人以上であることとは本質的に違います。それを連続した数字と見てしまうとは何というお粗末と言うべきでしょう。残念なことに，個室ユニットケアの思想は，厚生労働省においてさえ徹底されていなかったのです。

個室ユニット原則が揺らいでいる状況の下で厚生労働省がまずやるべきは，現在，個室ユニット型と多床室型が二本立てになっている特養ホームの指定基準を改正して，個室ユニット型を原則とし，既存の多床室型は経過的に認めるという形に基準を一本化すること（これは本来そうすべきだったのであり，2003年に二本立ての基準をつくったこと自体が誤り。遅くとも施設整備費補助金を一般財源化した時点で一本化すべきだった。）です。それを前提に，地域主権推進一括法案については，居室定員を「従うべき基準」に改めるほかありません。そのうえで，次期改正においては，特養ホーム整備の進め方と個室ユニットケアの利用者負担のあり方を根っこから再検討すべきです。

　これと関連して，あまり正面から言われることはありませんが，介護保険という制度において，個室ユニットケアか否かというケアの本質にかかる内容が全国均一に保障されないでよいのか，という問題もあります。個室ユニットケアの費用が公費や1号保険料だけで賄われるのではなく，全国統一の単価で割り振られた金額を全国の第2号被保険者が負担する2号保険料によっても賄われるということは，何を意味しているでしょうか。

　第2号被保険者はどこに住んでいても同じように2号保険料を負担する以上，自ら給付を受ける場合と社会的扶養として親の世代の給付費を賄う場合とを問わず，全国どこにいても同じ水準のサービスが提供されるべきことが要請されるはずです。そうでなければ，2号保険料を全国均一で負担する理由はありません。第2号被保険者が遠隔地にいる親の介護費用のつもりで2号保険料を負担しているとすれば，多床室を容認する地域にも個室ユニットでなければならないとする地域にも同じ金額の保険料を払おうとは考えないでしょう。多床室を容認する地方自治体に親が住んでいる第2号被保険者は，2号保険料を払いたくないという気持ちになってもおかしくないのです。

　特養ホームがレガシーホーム（負の遺産）とならず，ほぼすべてが個室ユ

ニットケアとなったとして，将来，高齢化のピークが過ぎて高齢者人口が減少に向かうとき，それはどのような施設になるのでしょうか。私は，個室ユニット型の特養ホームを高齢者だけでなく，若者の共同生活の場として活用することを考えてはどうかと思います。もちろん，若者が高齢者のケアを手伝うことがあってもよいし，それがケアや人の最期について考える契機となることの意義も大きいのですが，私は，個々人がバラバラになってしまった現代社会において，若者が個室ユニットケアでの共同生活を通じて人とのつながりを取り戻す術を身につけるようになればよいと考えています。現在の個室ユニットケアは，将来の"若衆宿"でもあるのです。

あとがき

　介護保険がスタートしてから，2010年4月で満10年が過ぎ，新しい10年に入りました。新聞や雑誌などで特集が組まれ，各種団体もそれをテーマにしたシンポジウムなどを開催しています。また，2012年度に予定されている次期制度改正に向けて，政府・与党や関係団体の動きも目立ってきました。これからの介護保険の進むべき方向を議論するうえで，介護保険の制度設計の"意味"を知っておくことは有益であろうと考え，この本を書きました。市町村などで介護保険の実務に携わっている方には，自身の仕事の意味をある程度は再確認していただけたのではないかと思いますが，一般の方の多くは，私の議論は制度設計者の論理であって，要介護者や介護家族の立場とは違うとお感じになったかもしれません。私の議論が絶対に正しいと言うつもりは毛頭ありませんが，しかし，「私（国民）＝要求する人」「あなた（国）＝制度をつくる人」という対立的二分法では，これから制度が安定してその機能を発揮していくのは難しいのではないかと思います。対立的二分法を乗り越え，皆さん自らが制度をつくり，支えていくという立場に立っていただきたいのです。本書が，国民の皆さんに自分たちの問題として介護保険の今後を考えていただく縁(よすが)となれば幸いです。

　介護保険は社会保険の一つではありますが，医療保険とも微妙に異なる独自の構築物です。それは，"保険"という骨格を基に，要介護リスクや要介護状態，さらには介護サービスなどの特性を踏まえたさまざまな部材によって成り立っています。それらの部材は"保険"という柱を中心として

相互に緊密に組み合わされており，それによって介護保険という建物が立ち上がっているのです。ですから，これからの介護保険のあり方について議論される際には，介護保険がかなり精巧につくられた構築物であるという点にも十分気をつけていただきたいと思います。

　この本の中心をなす第2部の「介護保険の意味論」は，綜合ユニコム『月刊シニアビジネスマーケット』に連載したものに大幅な加筆修正を加えたもの，第3部の「介護保険─これまで／これから，そして今」は，精神保健ミニコミ誌『クレリィエール』No.504，530 および北隆館『地域ケアリング』2010年7月号の拙稿を大幅に加筆修正したものです。また，本文中で用いた図表は，社会保険研究所『介護保険制度の解説』掲載のものを，同社の好意により使わせていただきました。本書の出版にあたっては，中央法規出版の土屋正太郎さん，後藤洋一郎さんのお世話になりました。あわせて御礼申し上げます。

　2010年9月

堤　修三

【著者略歴】

1948年長崎市生まれ。1971年東京大学法学部卒業後，厚生省入省。厚生省老人保健福祉局企画課長・厚生省大臣官房会計課長などを経て，1998年厚生省大臣官房審議官（介護保険制度実施推進本部事務局長）に就任。介護保険制度の創設実施の事務を担当。厚生労働省老健局長などを経て，2003年8月に厚生労働省を退職。同年11月から大阪大学大学院人間科学研究科教授（社会保障政策論）。

【主な著書】

『社会保障の構造転換―国家社会保障から自律社会保障へ―』2004，社会保険研究所

『社会保障改革の立法政策的批判―2005/2006年介護・福祉・医療改革を巡って―』2007，社会保険研究所

『市民生活における社会保険』共編著，2008，放送大学教育振興会

『障害者総合福祉サービス法の展望』分担執筆，2009，ミネルヴァ書房　など

介護保険の意味論
制度の本質から介護保険のこれからを考える

2010年10月30日　発行	
著　者	堤　修三
発行者	荘村明彦
発行所	中央法規出版株式会社 〒151-0053　東京都渋谷区代々木2-27-4 販売：TEL03-3379-3861　FAX03-5358-3719 編集：TEL03-3379-3784　FAX03-5351-7855 http://www.chuohoki.co.jp/
装丁	タクトデザイン
印刷・製本	株式会社太洋社

ISBN978-4-8058-3383-4
定価はカバーに表示してあります。
落丁本・乱丁本はお取り替えします。